승리하는 신앙

나는 공산 루마니아에서 14년간 감옥살이를 했다. 그보다 먼저는 나치스의 감옥에 갇혔었다. 때로 나는 햇빛은 물론 나무나 풀들을 바라볼 수도 없는 지하 30피트의 독방에서 책 한 권 없이 지내야 했다.

그런 상황에서 사람은 하나의 선택을 해야 한다. 내가 무슨 선택을 했는가를, 언젠가 한 번 본 뒤 잊혀지지 않는 일본 그림 하나를 이야기함으로써 설명해 드릴 수 있을 것 같다. 아주 탐스럽게 핀 아름다운 꽃들을 꽂아 놓은 화병이 책상 위에 놓여져 있고 그 책상 곁에는 텔레비전 수상기가 있는데, 화면은 어떤 사람이 다른 사람의 목을 자르는 끔찍한 장면을 비치고 있었다. 그런데 그 집의 가족 모두가, 몇몇 방문자들과 함께 그 텔레비전 화면을 열심히 들여다보고 있는 그림이었다. 아무도 그 아름다운 꽃을 보는 사람은 없었다.

감옥에서 당신은 차디찬 벽, 쇠창살, 손과 발을 묶

은 사슬 그리고 고문하는 자들과 고문 기구들을 볼 수 있다. 그러나 당신은 또한 하느님과 천사들의 세계를 볼 수도 있고 당신의 생애에 있었던 사랑스런 토막 이야기들을 다시 살려내 볼 수도 있다. 그리스도께서는 나를 도우시어 후자를 볼 수 있게 해주셨다. 그럼으로써 나와 나의 동료들은 신앙과 평화와 기쁨을 감옥 안에서도 지킬 수가 있었다. 공산주의자들의 고문은 우리를 깨뜨리지 못했다.

그리스도교의 첫 번째 순교자인 스데파노도 성난 무리가 돌로 자기를 치려고 할 때 그들을 보지 않고 하느님 오른 편에서 자신을 오라고 부르시는 예수님을 바라보았다. 그리고 그는 잠들었다. 사랑스럽고 평화로운 잠이었다.

이 책에서 나는 감옥에 있을 때 나를 흥분시켰던 힘있고 기쁜 생각의 단편들을 모았고, 거기에다 자유한 몸이 된 다음에 떠오른 몇 가지 생각들을 보탰다. 나는 감옥에 있을 때 내 마음에 떠올랐던 생각이나 이야기들을 구태여 조직적으로 구분, 정리하려고 하지 않았다. 굶주림, 추위, 매질, 모욕, 수면 부족 등으로 시달리는 수인(囚人)은 조직적으로 생각하지 않는다. 어떤 생각을 하고 어떤 이야기를 떠올리다가도 다시 극심한 굶주림과 무시무시한 매질로 고문을 당한다. 파스칼도 키엘케고르도 서로 동떨어진 생각의 단편을 책으로 묶었다. 내가 이 책에서 한 것도 같은 일이다.

 나의 독자들이 이 사실을 알아준다면 크게 기쁘고 고맙겠다. 감옥에 갇힌 자들만이 고통을 겪지는 않는다. 나의 독자에게도 고통은 있다. ―의혹, 불안, 공포, 질병 등이 그것이다. 마음의 화면에 떠오르는 추한 그림에 시선을 모으지 말기 바란다. 당신의 시선을 아름다운 꽃에 가까이 모으라. "나는 샤론의 장미, 산골짜기의 백합"이라고 솔로몬은 노래하고 있다(아가 2:1). 예수님은 장미와 백합 같으신 분이다. 그를 바라보라.
 우리는 감옥 안에서도 행복했다. 당신이 삶 속에서 당신의 신앙 또한 승리하리라.

리처드 범브란트

옛날 옛적에, 한 왕자가 있었다. 어느날 왕자는 아름다운 새 한 마리를 선사받았다. 그 새는 아름다울뿐만 아니라 아주 귀한 새였다. 그는 새의 이름을 트위-트위라고 지어주고는 황금으로 만든 새장에 넣었다. 그러나 이 불쌍한 새는 황금 새장도 마다하고 자유만을 그리워했다. 그렇지만 왕자는 그 새가 너무나도 좋았으므로 놓아주려 하지 않았다. 마침내 트위-트위는 왕자에게, 숲 속에 들어가 자기 친척들을 만나 자기가 이렇게 잡혀와 있기는 하지만 아직 죽지 않고 살아 있다고 소식이나 전해 줄 것을 요청하였다.

왕자는 숲 속에 들어가 그들에게 말을 전했다. 그 말을 듣자 트위-트위의 언니가 땅에 떨어져 눈을 감았다. 왕자는 자유를 사랑하는 트위-트위가 새장에 갇혀 있다는 슬픈 소식을 듣고 그만 숨이 진 줄 알았다. 아픈 가슴으로 돌아온 왕자는 트위-트위에게 언니가 죽었다는 슬픈 소식을 전했다. 그 말을 듣자 트위-트위도 갑자기 새장 바닥에 떨어져 눈을 감고 말았다. 왕자는 할 수 없이 그 불쌍한 새를 새장에서 꺼내어 창 밖으로 던졌다. 죽은 새를 새장에 넣어 둘 필요가 없었던 것이다. 그 순간 트위-트위는 날개를 펴고 날아올라 나무 위에 앉더니, 이렇게 말했다.

"왕자님이 슬픈 소식이라고 생각하고 전해준 게 실은 교훈(가르침)이었답니다. 언니는 죽은척하여 나에게 도망칠 방법을 가르쳐 주었던 것입니다."

그 누구도 갈보리 위에서 죽으신 예수의 죽음이 내포하고 있는 깊은 뜻을 모두 다 알 수는 없다. 그러나 슬기로운 사람은 언제나 행동으로 가르친다. 33세라는 젊고 싱싱한 나이에 스스로 죽으심으로써 예수께서는 우리에게 삶의 문제를 어떻게 다룰 것인지를 가르쳐 주신다. 삶의 문제에 대하여 죽으라는 것이다!

죄가 그대를 괴롭히는가? 만일 그대가 죽었다면 죄를 지을 수 있겠는가? 물론 지을 수 없다. 그런즉 당장 죽으라! 세상은 파멸을 향한 경주에 그대를 끌어넣으려 한다.

당장 죽으라! 예수께서는
죄에 대하여, 세상에 대하여,
율법에 대하여 죽으셨다.

그대는 오늘 세상에 대하여 죽으라! 종교는 그대를 율법이나 어떤 거푸집(그릇 같은 것을 부어 만드는데 쓰는 모형) 속에 억지로 집어넣으려고 한다. 율법에 대하여 죽으라! 예수께서는 죄에 대하여, 세상에 대하여, 율법에 대하여 죽으셨다. 바로 이 때문에 그는 지금 살아 계시다. 포로인 그대도 그분의 본을 따름으로써 자유롭게 될 수 있다. 삶의 문제들이 그대를 성가시게 구는가? 죽었다는 듯이 그것들을 무시하라. 자유를 되찾은 새의 이야기에서 배우라.

이 책의 목적은 해방의 길을 보여주려는 데 있다.
나는 한 인간의 생각이나 느낌을 늘어놓기 위하여 이 책을 쓰지는 않겠다. 나는 목사들이 자기네 생각이나 '자기네' 처지를 늘어놓는 지루한 설교를 싫어한다.

나는 또한 이런저런 의견을 표현하는 정치적인 대화를 싫어한다. 차라리 나는, 스스로 진리를, 어떤 분명한 진리를 깨달아 알기 전에는 아무도 입을 열지 않았으면 좋겠다.

아훼께서 이렇게
말씀하셨다!

옛날에 유다인들 중에는 '예언자'라고 불리는 자들이 있었다. 그들은 글을 쓰거나 말을 할 때마다 "야훼께서 이렇게 말씀하셨다"는 말로 시작하였다.

나는 지금 이 책을, 나는 다만 목소리일 뿐이라는 확신을 가지고 쓴다. 나를 통하여 하느님께서 친히 말씀하신다.

책의 첫머리부터 건방진 소리를 한다고 웃을 사람도 있을 것이다. 나는 사람들이 웃는 것을 좋아한다. 나를 비웃어도 웃으면 좋다. 의사들도 웃으라고 권한다. 이 세상에는 너무 웃을 일이 없다.

사람들이 나를 보고 웃는 것을 막을 까닭이 없다. 그대만 좋다면 나를 어리석은 바보라고 생각하라. 그러나 하느님께서는 이 책을 통하여 그대에게 말씀하신다.

내가 이 사실을 어떻게 아는가? 하느님은 나 아닌 다른 분이 아니신가? 나와는 전적으로 다른 어떤 분이 아니신가? 내가 그분과 소통하는 방법은 어떨 때는 그런 대로 잘 통하기도 하지만 고장이 나는 수도 있다. 나는 그 분을 잘못 알 수도 있다.

예수께서는 십자가 위에서 "엘리, 엘리"(나의 하느님, 나의 하느님)하고 소리치셨다. 그런데 십자가 밑에 있던 사람들은 그가 예언자 엘리야의 이름을 부르고 있는 줄로 알았다. 이런 식의 오해는 매일 일어난다.

그러면 나는 어떻게, 나 리처드 범브란트를 통하여 하느님께서 말씀하신다는 확신을 가질 수 있는가? 예언자들은 어떻게 알았던가?

문법의 세계와 종교의 세계는 서로 다르다. 학교 문법 시간에 동사 변화를 배우는 학생이, 하느님은 사랑이시다, 누구든지 하느님을 사랑하는 자는 하느님의 아들이다 는 식으로 대답한다면 낙제 점수를 받을 것이다. 비록 그 선생님이 독실한 신자라 해도 문법 시험에 종교가 차지할 자리는 없다.

그러나 문법 또한 종교에 대해서는 할 말이 없다. 실제로 살아가는 데서는 동사의 변화를 활용해야 한다. 그래서 우리는 인칭 대명사를 사용한다. 우리는

'나의' 집, '나의' 책-이란 말을 써서 다른 사람의 것과 구별을 한다. 그래서 우리는 '나' '너' 그리고 '그' 란 말을 쓴다. 그러나 이런 인칭 대명사들은 문법의 영역에 머물러 있어야 한다. 그것들을 종교 속에 그대로 끌어 들이지 말라!

예수 그리스도께서는 기독교인들을 박해하던 다르소의 사울을 다마스커스로 가는 길에서 만나 이렇게 물으셨다. "사울아, 사울아. 네가 왜 '나'를 핍박하느냐?" 사울은 이렇게 대답할 수도 있었다. "나는 '당신'을 핍박하지 않았습니다. 나는 당신의 제자들을 핍박하였습니다." 그러나 예수께서는, 전지전능하신 분이면서도, 당신과 당신의 제자들이 서로 다르다는 사실을 모르신다. 그는 당신의 제자들이 상처를 입을 때마다 '당신 자신이' 괴로움을 당하는 것 같았다. 그는 울고 있는 모든 제자들과 함께 우셨고 기뻐하는 모든 제자들과 함께 기뻐하셨다. 예수께서는 마지막 심판 날에 악한 자들은 다음과 같은 꾸중을 듣게 될 것이라고 말씀하신다. "내가 굶주리고 병들고 감옥에 갇혀 있는데도 너희는 나를 찾아와 주지 않았다." 그리고 그는 당신의 보잘 것 없는 자가 고통을 당하면 당신 자신이 그 고통을 겪는 것이라고 설명하신다.

주 예수는, 종교에 있어서는 우리의 인도자시다. 그러나 그는 문법 시험에는 합격하지 못할 것이다. 왜냐하면 '그'와 '나'라는 인칭 대명사를 뒤죽박죽으로 사용하고 있기 때문이다.

기독교라는 종교는 사랑에 도취한 사람들이 이루는 것이다. 취한 사람은 사물과 사람을 혼동한다. '나', '너' 그리고 '그'의 차이점이 사라진다. 그러므로 내가 말할 때, 만일 내가 하느님의 사랑에 도취해 있기만 한다면, 하느님이 나를 통해 말씀하시는 것이다.

※

2천 년 전에 예수께서는 말씀하셨다. "나는 진리다." 그런데 2천 년 동안 그의 이 말씀은 잘못 전해 내려와 마치 예수께서 "그는 진리다"고 말씀하신 것처럼 생각되어 왔다. 그러나 그는 결코, 그는 진리라고 말씀하시지 않았다. 그는 "나는 진리다"고 말씀하셨다. 만일 당신이 그를 '그'(he)로 만든다면, 아무리 대문자(He)를 써서 말한다 해도 당신은 진리를 잃고 마는 것이다.

'그'인 예수가, 한 목수의 집에 태어난 신이, 그것도 2천 년 전 팔레스틴에서 살았던 그가 어떻게 우리들에게, 현대 기술 공학에 관하여 그리고 사회주의, 민주주의, 군국 독재주의들 가운데 어떤 것을 택할 것인가에 관하여, 우리가 데이야르 샤르댕의 철학이나 아인슈타인 이론의 철학적 의미를 받아들일 것인가 배척할 것인가에 관하여, 우리가 근본주의자가 될 것인가 아니면 모더니스트가 될 것인가에 관하여, 도대체 무슨 말을 할 수 있겠는가?

2천 년 전 팔레스틴에 살던 예수가 진화론에 관하여 무엇을 당신에게 말해 줄 수 있겠는가? 그가 당신에게 스티브보다는 조오지하고 결혼하라고 말할 수 있는가?

예수께서는 결코 '그'가 되기를 원하지 않으셨다. 그분 자신이 진리가 되기 위해서 그는 언제나 '나'로 남아 있어야 한다. '나'가 진리다. '그'가 진리는 아니다.

그래스도인은 그리스도다.

만일 내가 진리를 지니고 자신이 진리이고자 원한다면 예수께서 나에게, '나'이어야 한다.

그가 나가 '되어야' 한다는 말은 틀린 말이다. 그가 나 '이다'. 루터는 "그리스도인은 그리스도다"라고 말한다. 이 말은 사실이다. 비록 당신이 아직 그 사실을 깨닫지는 못했다 해도, 나의 눈이 열릴 때, 나는 성 바울로와 함께 "내가 산다. 그러나 내가 아니라 내 안의 그리스도가 사신다"고 말하게 되는 것이다. 그 때 비로소 나는 나의 생각에 자신을 갖는다. '내가' 책을 쓴다. 이 말은 하느님께서 나의 책을 통해 말씀하신다는 말이다.

하느님의 사람은 언제나 이렇게 생각해 왔다.

루터는 이렇게 썼다. "나는 나의 소명과 나 자신을 분간하지 않을 수 없다. 나 자신은 보잘 것 없는 존재다. 그러나 나의 소명은 손으로 만질 수조차 없는 것이다. … 그 누구도 자기 자신에 관하여 교만해서는 안 된다. 그러나 모든 사람이 그의 소명만큼은 하느님의 영광에 맞먹을 만큼 높이 기리어야 한다. 그보다 더해야 한다. 성직을 위임받은 사람들은 자기가 말한 것이 진실임을 입증해야 한다. 그의 말을 하느님께서 친히 말씀하시는 것으로 듣게 해야 한다."

※

부카레스트에서 내가 맡고 있던 교회에는 루마니아 말을 한 마디도 못하는 러시아인 신자가 한 명 있었다. 그런데 예배는 처음부터 끝까지 루마니아 말로 진행되었다. 그는 한 번도 교회에 결석한 적이 없었다. 설교시간에 그는 러시아어 신약성서를 읽곤 했다.

나는 그에게 뭔가 해주어야만 한다는 생각이 들었다. 어느날 나는 그를 불러 앉히고 말했다. "보시오. 당신의 목사요. 나는 당신이 이 책에서 무엇을 이해하고 있는지 알았으면 합니다. 생각나는대로 아무 곳이나 읽고 나서 나에게 설명해 보시오."

그는 나에게 고린도전서 1장을 읽어주고는 이렇게 설명하였다. "사도는 바울로가 복음을 심고 아폴로가

물을 줬지만 자라게 하신 이는 하느님이시라고 쓰고 있습니다. 이 글에서, 그는 바울로나 아폴로는 아무것도 아니고 다만 하느님 만이 모든 것이시라는 결론을 내리고 있어요. 그런데 이렇게 바울로나 아폴로가 아무것도 아니라면, 렘브란트 형제여, 당신의 값은 과연 얼마나 되겠습니까? 하느님은 아무것도 아닌 자들을 부르셨습니다. 아무것도 아님을 행복하게 생각하십시오"

나는 그를 껴안고 나보다 더 성경을 잘 알고 있는 것을 축하해 주었다.

❋

예수께서 말씀하신다. "나에게로 오라." 그의 부르심을 받아들여라! 예수께서 게쎄마니 동산에서 체포 당하신 날 쓰러져 계셨을 그 감옥 바닥의 돌덩이처럼 무감각하고 단단한 얼음 심장이 되지 말고!

예수께서 말씀하신다. "나에게로 오라." 겉치레 뿐인

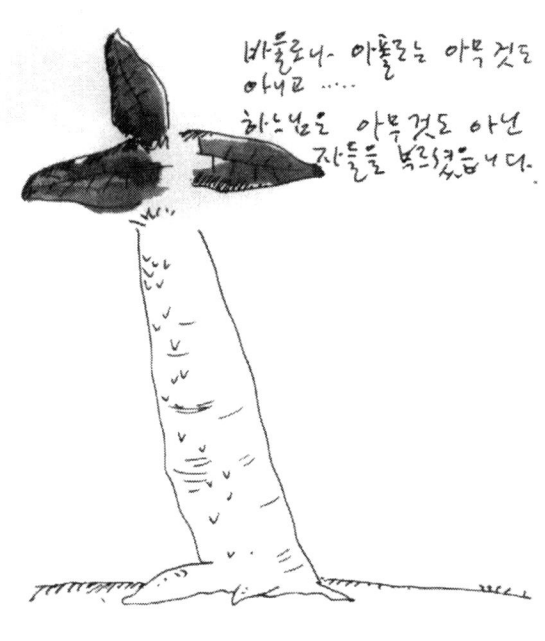

교회 예배로가 아니라 나에게 오라고. 도스토예프스키의 '카라마조프의 형제들'에 나오는 대심문관은 주님께 이렇게 말한다. "우리는 당신의 일을 발전시켰습니다." 겸손하신 예수는 발전을 고맙게 생각하신다. 그분은 우리가 당신이 하신 일보다 더 큰 일을 할 수도 있다고 말씀하셨다. 그러나 그분은 지금 당신이 '그분'에게로, 오직 그분 만에게로 오기를 바라고 계신다. 어떻게 나는 그에게 가야 하는가? 루가복음 22장 40~41절에는 예수께서 당신의 제자들로부터 떨어져 계신 것으로 되어 있다. 이 세상의 모든 일은 양면적인 성격을 갖는다. 사람과 그리스도의 관계도 마찬가지다. 하나는 예수께서 사람들로부터 떨어져 계신 사실이다. 또 하나는 그럼으로써 예수께서 사람들 가운데 '나'가 되신 사실이다.

당신은 예수를 찾는가? 그렇다면 예수에게 접근하기 위해 당신이 맨 먼저 해야 할 일은 예수께서 로마 군인들에게 하신 이 말씀을 그대로 실천하는 것이다. "내가 그 사람이라고 하지 않았느냐? 너희가 나를 찾고 있다면 이 사람들(제자들)은 가게 내버려 두어라"(요한

18:8). 예수께서는 그들을 떠나 보내셨다.

대사제가 예수께 당신의 가르침이 무엇이냐고 묻자 예수께서는 이렇게 대답하셨다. "왜 나에게 묻느냐? 내가 무슨 말을 했는지 들은 사람에게 물어보아라"(요한 18:21). 다행하게도 이 대화는 곁에 서 있던 경비병 하나가 예수의 뺨을 치는 바람에 중단되었다. 만일 그렇게 되지 않았더라면 예수께서는 어쩌면 대사제한테 직접 맞았을지도 모른다. 그리고 대사제는 이렇게 대꾸했을 것이다. "네 말을 들은 자들에게 물어 보라구? 어느 누구에게 물어보란 말이냐? 그들 중 한놈은 너를 우리에게 팔았다. 그가 너에 대해서 얼마나 나쁜 말들을 늘어 놓았는지 짐작 할 것이다. 또 너의 다른 제자 하나는 지금 이 재판정의 뜰에서 너는 단지 평범한 사람이요 자기는 모르는 사람이라고 세 번씩이나 부인하고 있다. 남은 너의 제자라는 것들은 모두 도망쳤다. 또 너의 말을 들었다는 자들은 지금 다른 방에서 '이 사람이 하느님의 성전을 허물고 사흘 만에 짓겠다고 말한 바로 그 자입니다' 라고 증언하기 위해 대기중이다. 설마 그것이 너의 가르침은 아니었겠지? 너는 수천 명에게 말했다. 그러나 그들은 아무것도 알아듣지 못했다. 그들은 내일쯤 '그를 십자가에 못박으라'고 소리지를 것이다. 너의 사랑을 받던 요한도 이곳에 있긴 하지만 입을 다물고 있다. 네가 무엇을 가르쳤는지 말할 사람은 너밖에 없어. 만일 네가 말하지 않겠다면 할 수 없는 일이다. 우리 마음대로 생각할 밖에."

이런 상황이 그 뒤에도 크게 바뀌지는 않았다.

만일 당신이 예수의 가르침에 대하여 알고 싶거든 그의 제자들은 가게 버려 두어라.

내가 당신들에게 줄 수 있는 첫 번째 충고는 다음과 같다. "이 세상 모든 사람들로 하여금 제 길을 가게 하라. 모든 교회들과 교회를 박해하는 자들로 하여금 제 길을 가게 하라. 그리고 그대는 오직 자신의 영혼에 대답하라."

※

예수께로 오라! 왼쪽이나 오른쪽을 보지도 말고 뒤

를 돌아 보지도 말고 다른 사람들이 뭐라고 말하는지 상관하지도 말고! 그대는 다만 예수께로 오라.

그와 하나가 될 만큼 가까이 그에게로 오라!

초대교회 신자들은 지하에서 만날 때 다음과 같은 예화를 즐겨 들었다고 한다.

한 총각이 처녀를 미칠 듯이 사랑하였다.

어느날 더 이상 참을 수 없게 된 그는 밤늦게 연인의 집 문을 두드렸다. 그리고는 처녀에게 날 좀 방 안에 들여 보내 달라고 청했다. 처녀가 그에게 물었다.

"당신은 누구신가요?"

그가 대답했다.

"나요"(It is I).

그러자 방 안에서 처녀가 대답하였다.

"이 방은 좁아요. 한 사람 밖에 들어올 수가 없답니다. 가세요!"

그는 슬픔을 잊기 위해 세상을 떠돌아 다녔다. 그는 처녀가 왜 자기를 거절했는지 알 수가 없었다. 더구나 그 처녀도 자기를 사랑하는 게 분명한데.

몇 년을 떠돌아다니다가 마침내 한 가지 생각이 났

다.

어느날 밤 늦게 그는 다시 처녀의 방문을 두드렸다.

"누구요?"하고 안에서 처녀가 물었다.

그가 대답하였다.

"당신입니다."(It is you).

그러자 문이 열리고 연인이 뛰쳐나와 그를 껴안았다.

"당신을 오랫동안 기다렸어요."

하느님의 세계는 얼마나 넓은가? 그분은 유대인들이 십계명을 넣어 들고 다니던 작은 상자 속에서 모세와 말씀하신다. 천국은 이 우주에서 가장 좁은 곳이다. 그곳에는 다만 한 분 만이 있을 수 있다. 그분과 하나가 된 사람들 만이 그 곳에 들어갈 수가 있다.

세익스피어는 그의 '불사조와 거북이'에서 이렇게 말하고 있다.

"사랑의 세계에서는 수(數)가 암살당했다."

사랑은 복수(復數)와 공존(共存)할 수 없다. 사랑하는 사람들은 언제나 그 영혼과 마음이 하나다. 아내와 남편은 하나다. 그리스도와 아버지도 하나시다. 마찬가지로 신앙심 깊은 영혼과 그리스도 또한 하나다. 사랑하는 사람들 사이에서는 '그'와 '나'의 구분이 불가능하다.

솔로몬 왕은 이렇게 노래했다(아가 6:8~9).

"왕비는 육십이요, 후궁은 팔십이되, 나의 비둘기 나의 순결한 여인은 하나뿐이로다."

한번은 이런 환상을 보았다.

놀랍게도 나는 아주 깊숙한 골짜기 아래로 내려가는 나의 모습을 보았다. 나는 천당이 우리 위에 있는 줄로만 믿고 있었다. 나를 친절하게 안내하던 아름다운 여천사가 나에게 설명해 주었다. 천당이 원래는 매우 높은 곳에 있는데 사람들이 올라가지를 못하고 또 북쪽 봉우리의 추위를 감당 못해 이 세상에서 제일 낮은 곳으로 내려 갔다는 것이었다. 내가 아무리 낮아져도 천당은 나보다 더욱 낮은 곳에 언제나 있었다. 우리는 지극히 고양된(높아진) 순간 뿐만이 아니라 지극히 절망되는 순간에도 천당에 있을 수 있다.

성서에서는 '0'이란 말이 따로 나오지 않는다.

아무도 하느님 앞에서 0이 될 수 없다. 아무 선물도 받지 못한 사람은 없다.

그대가 스스로 나는 아무것도 아니라고 생각하는 것도 겸손이라는 선물이 될 수 있다.

※

한 가난한 농부가(여자) 자기 딸을 도시에 보내어 식모 일이라도 하여 돈을 벌게 했다. 그녀가 부쳐주는 돈으로 밭과 소를 살 작정이었다. 딸은 아름답고 영리했다. 그녀는 이런 대도시에서는 자기만큼 예쁜 처녀가 일을 하는 것보다는 일을 하지 않는 게 더 많은 돈을 벌 수 있는 방법임을 곧 알아냈다. 그녀는 돈 많은 남자들을 낚는 데 성공했다. 이 남자에게서 저 남자에게로 옮겨 다니며 보석, 자동차, 옷가지들을 모았고

쾌락에 빠져들어 갔다.

 쾌락을 즐기는 동안 늙은 어머니에 대한 생각을 까맣게 잊어버렸다. 그러던 어느날 갑자기 그녀는 어머니 생각이 나서 마음이 아팠다. 그녀는 고향으로 가는 기차에 올랐다. 기차는 밤에 도착하였다. 어머니가 계신 집 문 앞에 이르렀을 때 그녀는 대문이 활짝 열려 있는 것을 봤다. 그녀는 깜짝 놀랐다. 왜냐하면 그전에 어머니는 언제나 문을 꼭꼭 잠가두었기 때문이다. 그녀는 뜰 안으로 들어가 어머니의 방
에 불이 켜져 있는 것을 보았다. 현관에 들어 섰을 때 그녀는 어머니의 음성을 들을 수 있었다.

 "제니, 너냐?"

 "예 어머니. 그런데 이렇게 늦도록 문이 열려있으니 어떻게 된 거예요?"

 "얘야, 네가 떠난 뒤로 10년 동안 그 문은 한 번도 닫기지 않았단다."

 "그럼 이렇게 늦도록 엄마 방에 불이 켜져 있는 것은 어찌된 일이예요?"

 "얘야 10년 동안 밤마다 불은 꺼져 본 적이 없단다.

하늘의 예루살렘이 우리를…
　　기다리고 있다.

엄마의 사랑하는 마음이 너를 기다리고 있었지."

하늘의 예루살렘은 우리들의 어머니다. 그녀는 우리를 기다리고 있다.

※

우리는 가끔 자신에게는 아무런 잘못이 없다고 생각하는 사람을 본다. 그러나 이것은 그가 하느님을 모른다는 증거일 뿐이다. 아니면 하느님을 알려고 하지 않은 결과다.

한 번은 어떤 브라만(인도의 도를 닦는 사람)이 자기는 평생토록 생명을 하나도 죽인 적이 없다고 자랑스럽게 말하고 있었다. 그러자 기독교 선교사 한 사람이 그에게 물 한 방울을 현미경으로 보여주었다. 브라만은 그 물 속에 헤아릴 수 없이 많은 생물체가 우글거리고 있는 것을 보고 자기가 얼마나 많은 생명을 끼니 때마다 삼키고 있는지 알게 되었다. 그는 너무나도 두려웠다. 그러나 그는 이내 자신의 양심을 편하게 할 한 가지 방법을 생각해 냈다. 그는 현미경을 깨뜨려 버렸다. 이와 똑같은 이유로 우리는 기독교가 우리 자신의 참 모습 즉 우리가 죄인임을 가르쳐 주기 때문에 기독교를 옆으로 밀쳐 버린다.

우리는 자신의 죄악된 모습을 볼 때 자신을 미워한다. 우리는 자신의 상태를 역겹게 생각한다. 그러나 하느님은 그렇지 않으시다! 하느님은 자비를 베푸시는 것을 제일 기뻐하신다. 폰 진젠도르프 백작은 이렇게 썼다. "예수님은 당신에게 무엇을 해드리는 사람보다 무엇을 해주실 수 있도록 기회를 드리는 사람을 더 고맙게 여기신다. 그는 당신의 주변에 무엇인가 좋은 일을 해 드릴 수 있는 사람보다 그를 필요로 하는 사람들이 있는 것을 더 좋아하신다. 예수님께서 빈틈없이 의로운 사람에게 무슨 일을 해 주실 수 있겠는가? 그는 누구든지 당신을 필요로 하는 사람을 찾으신다."

어느날 왕자가 굶어 죽어가는 어미 호랑이를 보았다. 새끼 세 마리가 열심히 젖을 빨고 있었지만 젖은 한 방울도 나지 않았다. 그 왕자는 성인이었다. 그는 죽어가는 호랑이가 불쌍했다. 그는 자기 희생이 가장 높은 덕목인줄 알고 있었다. 그래서 암호랑이 곁에 누워 자신의 팔을 잘라 피가 흐르게 됐다. 신선한 피 냄새를 맡으면 호랑이가 입맛이 돌아올 것이라고 생각했던 것이다. 과연 호랑이는 피 냄새를 맡고 기운을 얻어 왕자를 잡아먹었다. 그리고 그와 새끼들은 살아났다.

 호랑이들을 사람에 비교하면 호랑이가 모독감을 느낄지도 모른다. 호랑이는 제 동족을 먹지는 않는다. 그런데 사람은 식인종이 아니더라도 제 동족을 죽인다. 히틀러는 수백 만의 사람을 죽였다. 그런데 그는 채식주의자였다. 사람은 서로 죽이고 죽고 하다가 마침내 죽어가고 있었다. 이때 하느님의 아들인 예수님이 오셔서 그 죽어가는 암호랑이 곁에 누우신 것이다. 그는 인간이 되셨다.

 사람들은 그의 피를 마셨다. 당신께서 친히 말씀하

신 대로, 그의 피와 살을 먹음으로써 인간은 살아나게 된 것이다.

※

당신은 죄인이다. 이것은 당신의 책임이 아니다.

나는 태어나면서부터 얼굴이 못생겼거나 지능이 모자랐을 수 있다. 이것이 평생토록 나에게 무거운 짐이 될 수도 있다. 그것은 나에게 그렇게 된 데 대한 책임이 한 푼도 없건만 내가 견뎌내지 않으면 안되는 나의 괴로운 짐이다.

나는 죄인으로 태어났다. 나의 부모와 나의 모든 조상이 죄인이었다. 그것은 내가 선택한 것이 아니다. 히브리어로 '죄'란 말은 '표를 잃어버렸다'는 뜻을 지니고 있다. 우리 모두는 죄를 짓지 않았더라면 우리의 것이었을 영광을 잃어버린 것이다. 여기에는 나 개인의 잘못이 있는 게 아니다.

구약에 이스라엘 사람으로서 에집트의 총리대신이

된 요셉 이야기가 있다. 요셉은 자기의 은잔이 베냐민의 자루에 들어 있었다고 해서 동생인 베냐민을 심문한다. 베냐민의 자루 속에는 정말로 요셉의 은잔이 들어 있었다. 그러나 실은 요셉이 종들을 시켜 아무도 모르게 베냐민의 자루 속에 넣어 두었던 것이다. 요셉이 이런 짓을 한 것은 그렇게 함으로써 형제간의 연대의식(형제는 하나라는 마음)을 키워 주려던 것이었다. 실로 그들은 옛날에 너무나도 이기적이어서 친 형제인 요셉 자기를 다른 나라에 종으로 팔아버렸던 것이다. 요셉은 그들이 여전히 난처한 모함에 빠진 아우(베냐민)를 버려두고 갈 것인지 아니면 함께 있어 줄 것인지를 보고싶었다. 다행하게도 그들은 이 시험에 합격하였다. 그리하여 많은 선물을 안고 무사히 아버지에게 돌아갈 수가 있었다.

 죄는 피할 수 없는 삶의 현실이다. 당신이 손을 대기 훨씬 이전 아주 옛날에 일어난 일 때문에 생겨난 것이다. 그것은 우리 모두가 빠져 있는 비극이고 그 깊이는 너무나도 깊어 우리가 어떻게 캐어 볼 수가 없다. 그것은 어떤 고통스럽고 더러운 불치병에 빠진 것과 비슷한 비극이다. 우리는 병원에 입원하는 것을 수치스럽게 생각하여 어깨를 움츠리지는 않는다. 내가 병균을 만든 것은 아니기 때문이다. 다만 우리는 병과 싸운다. 어떤 질병도 우리에게 영적인 가치를 지닌다. 우리가 그 가치를 알면 병은 우리에게 유익한 것이 될 수가 있다. 우리가 죄악된 존재임은 이 우주 안에서 어떤 의미를 지닌다. 그 사실은 우리를 다른 모든 죄인들과 하나가 되게 해준다. 그렇게 돼서 서로가 서로를 심판하는 일은 사라지게 되는 것이다.

당신의 내면에 어떻게 되어 죄가 있게 됐는지 그 까닭을 캐려 하지 말라! 그것은 아담과 하와의 이야기 속에 들어 있다. 당신이 죄인이라는 사실을 인정하라! 당신이 죄인인 데는 목적이 있다. 그리고 당신이 그 죄에서 벗어나는 길도 있다. 당신이 결핵 환자라면 지금 당신이 할 일은 결핵균의 본질을 밝히는 것이 아니라 그것과 싸우는 것이다.

예수님은 우리를 환경의 억압으로부터 건져내신다. 진흙과 쓰레기로 가득찬 연못에서 아름다운 연꽃이 핀다. 연꽃은 좋지 못한 환경을 극복한다. 어쩌지 못할 빈곤한 땅에서 꽃을 피운다. 당신의 새로운 삶도 영광으로 가득차야 한다. 당신은 당신의 환경을 훨씬 벗어나야 한다.

당신은 지금껏 당신의 환경에 노예가 되어 있었다. 이제 당신은 자유로울 것이다.

미국의 덱싱톤 노예시장에서 아름다운 노예 엘사가 팔리게 되었다. 젊은 감리교 목사 페어뱅크와 어느 프랑스 사람이 서로 그녀를 사려고 했다. 프랑스 사람이 망설이고 있는 사이에 노예 상인이 엘사의 옷을 뒤로 젖혀 가슴이 드러나게 하고는 이렇게 말했다. "이 멋진 물건을 갖고 싶은 사람 없습니까?" 페어뱅크가 돈을 지불하고 그녀를 샀다.

"내가 사겠소."

그리고 그는 이어서 엘사에게 말했다. "이제 당신은

자유니 가고 싶은 곳으로 가시오."

모든 정치적, 종교적 운동이 당신을 끌어들이는 것은 그 운동들의 이익을 위해서다.

그런데 예수께서는 당신에게 아무것도 바라시지 않는다. 그분은 자신이 지불할 수 있는 최고의 값, 즉 자기의 목숨을 내셨는데 그것은 자기자신의 만족을 위해서가 아니라 당신을 자유롭게 하고 당신을 유익하게 하려는 사랑 때문이셨다.

모든 칭송을 페어뱅크 목사에게 돌리자. 그는 노예반대운동을 하다가 17년이나 옥살이를 했다.

그러나 우리를 죄의 사슬로부터, 죽음과 환경의 사슬로부터 풀어주려고 자기의 목숨을 십자가에 매단 예수님에게 우리가 무슨 말로 찬양드리겠는가.

예수님은 죄로부터 만이 아니라 심한 고독감으로부터도 우리를 해방시킨다. 예수님을 안 뒤로 당신은 주님의 어머니 마리아, 모든 세대에 생존했던 성자들, 천사들과 더불어 긴밀한 사귐을 갖게 될 것이다. 한걸음 더 나아가 당신은 주님 자신과 더불어 인생을 살아가게 될 것이다. 당신은 또 믿음 안에서 사랑하는 형제와 자매들을 보게 될 것이다.

 예수께서는 우리를 불안(근심걱정)으로부터 구원하신다. 당신은 하느님이 사랑이심을 믿는가? 그렇다면 당신은 근심하지 말아야 한다.

 구약의 영웅들 가운데 하나인 여호수아는 하느님께서 편을 들어 주심으로써 옥과 시혼 같은 거인들을 죽였다. 당신도 당신을 둘러싸고 덤비는 거대한 세력들을 물리칠 수 있다. 당신이 침착하게 하느님만 의지하면 승리할 것이다.

 나의 아들 미하이가 어렸을 때였다. 한 번은 나에게 물었다. "아버지, 이젠 무엇을 해야하나요? 난 지쳤어요." 내가 대답했다. "하느님을 생각하려므나." 그러자 그가 말했다.

 "왜 내가 이 작은 머리로 그렇게 큰 하느님을 생각해야 하나요? 하느님이 그 크신 머리로 이 작은 나를

"저는
잠을 자러 갑니다.
하느님,
부탁합니다!"

생각하시면 안 돼요?"

그리스도는 교회의 머리시다. 그의 얼굴에 근심하는 빛이 없는 한 당신의 얼굴에도 근심하는 빛이 있을 까닭이 없다.

예수께서 당신의 머리시라면 생각은 그분이 하시게 하라! 다리는 생각 안해도 된다. 머리가 걷지 않는 것과 마찬가지다. 그래서 예수께서는 무슨 말을 어떻게 할까 하고 미리 걱정하지 말라고 하셨고 또 "사람의 아들은 너희가 생각지도 않은 때에 올 것이다" 하고 말씀하셨다. (마19 : 24)

루터는 때가 되면 창 가로 다가가 이렇게 기도했다고 한다.

"하느님, 이 세상이 저의 것입니까? 하느님의 것입니까? 이 교회가 당신의 것입니까? 저의 것입니까? 만일 당신의 세상이고 당신의 교회라면 그것들을 돌보십시오! 저는 잠을 자러 갑니다. 하느님, 부탁합니다!"

당신은 당신의 인생짐을 모두 혼자서 질 생각을 하지 말라. 하느님께서 져주신다.

✺

　믿는 사람의 불안으로부터의 자유는 대단한 것이다. 당신은 하느님이 사랑이심을 믿는가? 그렇다면 당신은 당신이 저지른 잘못(실수)에 대하여도 근심할 필요가 없다. 당신이 저지른 모든 잘못이 그와 맞먹는 은총으로 바뀔 수 있기 때문이다. 구약에 나오는 요셉의 이야기를 보라. 그는 자기 꿈을 경솔하게 이야기하여 형들의 미움을 샀다. 그래서 에집트로 팔려갔다. 그러나 결과적으로는 이 실수가 요셉을 에집트의 국무총리로 만든 셈이 되었다. 기독교 신자라면 비록 실수를 했다 해도 역시 하느님의 은총을 믿어야 한다. 그 실수를 복으로 바꾸시는 하느님의 은총을.

✺

　예수님에게 속해 있지 않은 사람은 사물을 자기의 관점으로만 본다. 모든 관점은, 그 관점과 다른 관점에서 보는 이해를 불가능하게 하기 때문에 따지고 보면 하나의 맹점이 된다. 어떤 한 쪽에서 보면 방으로 들어오는 문이 없다. 다른 쪽에서 보면 창문이 없기도 하고 천장이 없기도 하다. 당신이 방을 제대로 알려면 전체를 한꺼번에 보든지 아니면 자리를 옮겨가면서 둘러보아야 한다.

귀로 잡을 수 없는 것이 있다. 빛의 파장도 마찬가지다. 그러므로 우리가 듣지 못하는 소리가 있고 보지 못하는 빛이 있다. 우리가 볼 수 있는 빛의 파장은 3800 옹스트롬에서 7600 옹스트롬까지이다. 3800 이하는 자외선이다. 우리가 엑스선 또는 감마선이라고 부르는 것이 그것이다. 7600 이상은 마이크로선, 라디오선이다. 과학 기구를 통하여 우리는 육안으로 보지 못하던 것을 훨씬 많이 보게 되었다. 그러나 이 밖에도 멀리 봄, 꿰뚫어 봄, 신비한 환상, 그리고 하느님을 마주 대하는 신비한 하느님의 시현(示顯)이 있다. 이것들을 보지 못한 사람이라면 여전히, 정도의 차이는 있겠지만, 소경이라고 하지 않을 수 없다. 육신의 눈만 가지고 보려고 할 때 그것이 오히려 우리로 하여

예수님은 해, 달, 바람, 구름의 주인이시다.

금 궁극적인 실재들을 보지 못하게 한다.

어느날 해가 말했다. "나뭇잎은 초록색이다." 그런데 달이 나뭇잎은 은빛이라고 우겼다. 다시 달이 말했다. "사람들은 늘 잠만 잔다." 그러자 해가 "그들은 언제나 움직인다"고 우겼다. 달이 "그러면 왜 땅이 그렇게 조용하냐?"고 물었다. 해가 고개를 갸웃거렸다. "누가 그러더냐? 땅은 언제나 시끄러운데."

이렇게 해서 말다툼이 벌어졌다. 그 때 바람이 나타나, "쓸데없는 논쟁들을 하고 있구나!" 하고 그들이 다투는 소리를 듣고 웃었다. "나는 하늘에 해가 떠 있을 때도 불고 달이 떠 있을 때도 분다. 해가 빛을 비추는 낮에는 해가 말한대로 땅이 시끄럽고 사람들이 모두 움직이고 나뭇잎은 초록색이다. 그러나 달이 빛을 비추는 밤이 되면 모든 것이 달라진다. 사람들은 잠을 자고 온 땅이 고요해지고 나뭇잎은 은빛이 된다. 구름이 달빛을 가리면 나뭇잎은 검은 색이 되기도 한다. 너희들은 진실을 모두 알고 있지 못하다."

예수님은 해, 달, 바람, 구름의 주인이시다. 그분은 있는 모든 것을 전체적으로 다 보신다. 그분은 온전한 진리다. 그분의 진리 만이 죄 때문에 이그러지지 않은 진리이기 때문이다. 모든 죄인은 감정적으로 잘못을 저지르기 쉽게 되어 있고 이것이 그의 진리에 그림자를 드리운다. 그리스도는 죄가 없으셨고 스스로 그것을 알고 계셨다. 그분은 다른 사람과 관계를 맺는 일에 분명하지 않거나 머뭇거리는 적이 결코 없으셨다. 그분은 실로 자기 자신을 진리라고 하실 만한 그런 분이었다.

예수님은 매우 복잡하신 분이다. 그분은 많은 얼굴을 갖고 있다. 히브리어에는 '얼굴'이라는 단수 명사가 없다. 다만 '파님'이라는 복수 명사가 있을 뿐이다. 파님은 번역하면 '얼굴들'이다. 히브리어에서 '-임'으로 끝나는 단어는 모두 복수다. 이 사실은 매우 깊은 뜻을 담고 있다. 하느님의 계시가 주어진 언어인 히브리어는 사람이 하나의 얼굴만 갖고 있다고 보지 않는 것이다. 우리 모두에게는 여러 얼굴이 있다. 그러므로 어떤 사람을 '살인자' '도둑' '배신자' '성자' '신교도' '구교도' '반동분자' '혁명가' 따위의 명칭으로 부르는 것은 잘못이다. 사람은 여러 차원을 지니고 있으므로 어느 한 명칭으로 그의 전부를 대신할 수는 없다. 우리는 모두 일종의 합금(合金)이다.

쇠는 하나의 개념으로 우리의 마음 속에 존재할 뿐이다. 실체에 있어 순수한 쇠는 없다. 그것은 언제나 무엇과 섞여 있어야 존재한다. 사람도 마찬가지다. 어떤 사람을 당신이 받아들이거나 그에게 가까이 간다는 것은 매우 복잡한 존재와 당신이 관계를 맺는 것이다. 당신은 그의 성격을 무시하고 외모에만 쏠릴 수도 있다. 상당히 높은 지식 수준에 있는 사람이 아주 악할 수도 있다.

우리가 예수님과 맺는 관계도 마찬가지다. 예수님께 온다는 것은 구원하는 예수님, 고통 받는 예수님, 싸우는 예수님, 왕관을 쓴 예수님, 전체적인 예수님께로 오는 것이다. 그리하여 그분을 통하여 하느님께 오는 것이다.

진짜 그리스도인은 누가 좋지 못한 소리를 한다 해서 동요되는 법이 없다. 그는 "세상에 대하여 죽어 있기" 때문이다.

한 사람이 성 마카리우스에게 "세상에 대하여 죽는다는 것이 무엇을 뜻합니까" 하고 물었다. 성자는 이렇게 대답하였다. "공동묘지에 가서 무덤에 대고 그 안에 누워 있는 시체에게 욕을 한 바탕 퍼부어 보게." 그는 이상하게 생각하면서도 성자가 시키는 대로 하고 왔다. 성 마카리우스는 그를 다시 공동묘지로 보냈다. 이번에는 욕설 대신 칭찬을 하라고 했다. 그는 시키는 대로 했다.

돌아온 그에게 성 마카리우스가 물었다. "자네가 욕설을 퍼부어 대니까 시체들이 성을 내던가?" "아닙니다" 하고 그가 대답했다. "그럼 칭찬을 하니 그들이 좋아하던가?" 이번에도 그는 "아닙니다" 하고 대답했다. "세상에 대하여 죽는다는 것은 그와 같은 것이다" 하고 성 마카리우스가 말했다.

모든 기독교인은 그리스도와 함께 죽는다. 그는 죄에 대하여 죽는다. 세상에 대하여, 육체에 대하여 그리고 악에 대하여 죽는다.

☀

나는 고통받는 그리스도인들이 기쁨으로 춤추는 것을 보았다. 그 까닭을 당신은 이해할 수 있겠는가?

옛날 깡깡이 켜는 사람이 하나 있었는데 어찌나 경쾌하게 탔던지 그 소리를 듣는 사람들은 모두 춤을 추었다. 그런데 소리를 듣지 못하는 귀머거리는 그들을 보고 모두 돌았다고 생각했다. 예수님과 함께 있는 사람들은 남들이 듣지 못하는 음악을 듣는다. 그래서 그들은 춤을 춘다. 사람들이 미쳤다고 해도 상관하지 않는다. 다른 사람들은 고통 당하는 그리스도인의 기쁨을 이해할 수가 없을 것이다. 우물 안 개구리가 바다를 이해할 수 없듯이.

그리스도인은 가장 믿을 수 없는 상황에서도 기뻐

할 수 있다. 시편 4편의 히브리어 제목은 '정복 당했을 때 기뻐하는 자의 노래'로도 번역할 수가 있다.

그러나 그리스도인의 기쁨에는 많은 눈물이 섞여 있다.

우리는, 사람들이 계속하여 그들을 구원하러 오신 메시아를 죽음에 내어주고 그 대신 바라바라고 하는 강도를 살리기로 한 때문에 고통을 겪고 있다.

고통받는 사람들 속에서 하느님을 찾으려 하지 않는 자는 그를 찾지 못할 것이다. 우리는 얼마나 영광의 그리스도, 거룩한 그리스도 앞에서는 무릎을 잘 꿇으면서 그가 고통 받는 자의 모습으로 오실 때에는 알아보지조차 못하는가!

성녀 잔다크가 감옥에 있을 때 아무도 그에게 도움의 손길을 펴주지 않았다. 프랑스 왕 샤를르 7세는(그를 위해 싸워준 잔다크인데도) 손가락 하나 움직이려 하지 않았다. 그녀는 모든 사람에게서 버림받았다. 어느 누구 그녀에게 동정의 눈길 한 번 던져 주지 않았다. 그녀는 그리스도처럼, 철저하게 버림받았다. 그녀가 감옥 속에 버림받은 몸으로 던져져 있을 바로 같은 때, 그녀를 도울려면 도울 수 있었던 왕과 귀족들은 성당에서 그리스도를 찬미하고 있었다. 이와 같은 일은 오늘에도 일어나고 있다.

※

최후의 심판을 받을 때 사람들은 얼마나 고통을 당했느냐가 아니라 얼마나 사랑했느냐는 질문을 받을 것이다.

성녀 마리아 고레띠는 한 살인자의 손에 죽으면서 "당신과 함께 낙원에 있게 됐으면 좋겠다"고 했다. 살인자는 뒤에 감옥에서 그리스도인이 되어 성녀 마리아의 축성 의식에 참석하였다.

그리스도인은 적의 손에 고통을 겪으면서도 그를 사랑한다. 그들이 그렇게 할 수 있는 것은 그들의 눈 앞에 가장 위대한 죄없는 수난자, 예수님이 있기 때문이다.

기독교인은 또한 가차없는 투사가 된다. 마르틴 루터의 처절한 투쟁을 보라. 그리고 기독교인은 쉽게 항복하는 사람이 아니다. 그는 모든 사람과 진실의 적들을 상대로 끝까지 싸운다.

기독교인은 적에게 결코 무릎 꿇지 않는다. 내가 알고 있는 어느 기독교인은 감옥의 독방에 갇혀 있었는데 그 독방은 앞 뒤 좌우 세 발짝씩 걷게 되어 있었다. 그런데 그는 꼭 두 발짝씩만 걸었다. 그는 자기를 가두어 놓은 자들이 정해준 대로가 아니라 스스로 정한 대로 행동하였던 것이다.

우리는 예수님에게서 투쟁 정신의 한 표본을 본다. 그는 사제들과 통치자들이 사람들을 보내어 자기를 체포하리라는 것을 알고 있었다. 그러나 그는 위험한 때에 홀로 버티고 서 있었다.

이 뿐만 아니다. 때로 그는 아주 과격하기도 했다. 이를테면 성전에서 상인들을 몰아낼 때의 그는 폭풍같았다. 그는 또한 제자들을 무장시키기도 했다. 버지니

아주(미국)의 표어에는 브루터스가 시이저를 칼로 찌르면서 했다는 한 마디, "식 셈페트 타라니스"(독재자에게는 언제나 이렇다)가 포함되어 있다. 이것이야말로 예수님이 어렸을 적부터 지니고 있던 정신이요 또 제자들에게 물려준 정신이다. 그가 제자들에게 남겨두고 간 단 하나의 성서인 구약은 용감한 투사들에 대한 서사시들이 담겨있는 책이다.

※

기독교인은 싸움을 싸우면서 멋을 부린다. 마태오 26장 10~13절에서 예수님이 칭찬하신 것은 여자의 시적(詩的)인 몸짓, 갸륵한 행동이었다. 그 행동이란 아무런 쓸모가 없는 낭비였다. 쓸모를 따진다면 순교자들의 죽음이나 고통이 무슨 쓸모가 있나? 그들이 좀더 영리했더라면 편히 살아 남을 수 있었을 것이다. 그러나 희생이란 그 값이 아름다움에 있지 쓸모에 있지 않다. 예수님이 칭찬하신 것은 가룟 유다의 쓸모가 아니라 여자의 아름다움이었다. 싸우되 아름답게 싸우라!

※

 우리는 교만과도 싸워야 한다. 예수님은 제자들의 발을 씻겨주신 다음 젖은 발을 닦아주셨다. 젖은 발은 아직 발이 더럽다는 뜻이요, 마른 발은 이제 깨끗하다는 뜻이다. 예수님은 우리가 씻겨진 죄인이 되기를 원하시는 게 아니라 깨끗한 사람이 되기를 원하신다.

※

 기독교인은 죽음을 형제로서 환영한다. (기독교인에게는 죽음이 형제다.) 내 몸은 여러 가지 모습을 지녀 왔다. 젖먹이 모습, 어린이 모습, 늙은이 모습, 어떤 때는 건강했고, 어떤 때는 병들었다. 내 몸이 이제 시체의 모습을 한다고 해서 새삼스럽게 걱정할 것이 무엇인가? 나는 내 몸이 아니다. 나는 남을 것이다. 나는 없어질 수 없다.

아모스에게 하느님은 "내 백성 이스라엘에게 끝 날이 올 것이다"라고 말씀하셨다(8:2). 그러나 전지전능하신 하느님도 이 일에 많은 힘에 한계가 있었다. 그는 이스라엘을 멸망시킬 수 없으셨다. 그 민족은 지금도 살아있다. 싱싱하게.

죽는 것은 사라져버리는 것이 아니다. 그것은 문을 열고 그리로 해서 다른 곳으로 들어가는 것이다.

생명의 월계관을 쓴 예수님을 믿을 때 우리의 가슴은 가라앉는다. 하느님은 우리 둘레에 있는 여러 문들을 모두 닫을 수 있지만, 그러나 우리 위에 있는 문은 닫지 못하신다.

당신의 예수님은 구원하시고 고통당하시고 섬기시고 싸우시고 월계관을 쓰신 예수님이시다. 그러므로 당신은 당신의 욕정들을 향하여, 그것들이 당신을 수천 번 넘어뜨린다 해도 당신을 정복하지는 못한다고 큰 소리칠 수가 있다. 오랜 투쟁이 있은 뒤에라도 끝에 가서는 반드시 당신이 이기겠기 때문이다. 기독교의 핵심은 승리가 아니라 용감성에 있다.

승리하는 삶을 살기 위하여 당신은 무엇을 해야 하는가? 일반적으로 말하면, "나는 무엇을 해야 하는가?"라는 물음은 기독교 안에서는 있을 수 없는 물음이다. 이 물음에는 정답이 없다. 왜냐하면 물음 자체가 잘못된 것이기 때문이다. 당신이 아무리 많은 일을 한다 해도 하느님의 선물을 모두 갚을 수는 없다. 기독교인은 다만 이렇게 말할 따름이다. "나는 헤아릴 수 없는 선물을 받았다. 내가 확신하기는 나에게 지금까지 자비를 베푸시던 그분이 앞으로도 많은 것을 주시리라는 사실이다. 그가 나에게 승리도 주실 것이다."

기독교인은 또한 하느님이 주시지 않는 것을 기다리거나 바라는 것도 피한다. 일시적인 부(富)는 추구함으로써 구할 수 있지만 영적인 선물은 버림으로써 얻는다.

단순히 하느님을 믿고 그가 주시지 않는 것을 단념함으로써 그는 승리를 보장 받는다. 기독교인은 그 자신으로서 스스로 이루어야 할 목표가 없다. 그는 전적으로 하느님의 손길에 달려 있다. 그러므로 그는 억지로 애를 쓰지 않고도 거룩한 사람이 된다. 억지란 사람이 지나친 열망으로 자제력을 잃을 때 생기는 것이다. 그러나 당신이 거룩하게 되는 것도 실은 당신의 열망이 아니다. 하느님이 당신에게 품으신 열망이다. 당신은 당신이 온 몸에서 힘을 뽑아버림으로써 그것을 얻을 것이다.

※

　소년 목동 다윗은 사울왕의 궁중 악사가 되자 곧 많은 사람의 사랑을 받게 되었다. 하루는 만조백관이 모인 자리에서 다윗이 사울왕의 옥좌 곁에 놓여 있는 하프를 타고 싶다고 말했다. 그러나 왕이 "쓸모 없는 하프다! 저것을 나에게 만들어준 자가 나를 속였어! 아무도 저 하프를 탈 수가 없다. 엉뚱한 소리만 내거든!" 하고 말했다.

　그래도 다윗은 그 악기를 잡았다. 그가 하프 줄에 손가락을 대자 마자 기다렸다는 듯 아름다운 음률이

춤추듯이 흘러나오기 시작하였다. 연주가 끝났을 때 모든 사람들의 눈에는 눈물이 괴어 있었다. 참으로 아름다운 선율이었다!

왕이 그에게, "다른 사람들은 타지 못한 것을 너는 어떻게 탔느냐?"고 물었다. 다윗은 이렇게 대답하였다. "다른 사람들은 모두 자기의 노래를 하프로 연주하려고 했습니다. 그러니까 하프가 그것을 거부한 것입니다. 저는 하프로 하여금 제 노래를 연주하게 했을 따름입니다. 저는 이 하프가 아직 젊은 나무였을 때 가지 위에서 작은 새가 노래하고 따스한 햇살에 일광욕을 즐기던 기쁨을 회상시켜 주었지요. 하프가 얼마나 즐거워했는지는 왕께서도 들으셨습니다. 저는 또 어느날 사람들이 톱으로 그를 벨 때 얼마나 슬펐던지를 생각나게 해 주었습니다. 그리고 그 일을 애석하게 여긴다고 속삭여 주었지요. 그러나 그 죽음이 그냥 헛되기만 한 것은 아니라고 말해 주었습니다. 왜냐하면 그렇게 잘려진 나무로, 이렇게 아름다운 소리로 하느님을 찬양할 수 있는 하프를 만들었으니까요. 하프는 저의 말을 알아듣고 기뻐서, 자기 노래를 부른 것입니다."

메시아가 오실 때에도 많은 사람들이 그분의 하프로 자기네의 노래를 연주하려 할 것이다. 그 결과는 참으로 역겨운 모습의 기독교로 나타날 것이다. 그러나 또한 소수의 선택 받은 자가 있어, 그분의 노래를 연주하는 일도 있을 것이다. 그분의 영원한 기쁨의 노래, 사람의 아들이 되신 겸손의 노래, 그분의 슬픔의 노래, 갈보리의 노래, 그분의 부활과 승천의 노래를! 그대의 악기(몸)로 그분의 노래를 연주하라!

※

　당신에게 지워진 십자가에 대하여 불평하지 말라.
　어떤 그리스도인이 하느님께, 자기에게 지워진 십자가에 대하여 불평을 표시했다. 그래서 하느님이 그의 상점에 나타나 말씀하셨다. "어디 그럼 네 마음대로 십자가를 골라보아라." 한 십자가는 매우 아름다운 금십자가였는데 너무 무거웠다. 다른 것은 가볍기는 한데 걸끄러워서 어깨에 상처를 입히기 십상이었다. 이것

저것 고르던 끝에 그는 방 구석에서 가장 자기에게 맞을 것 같은 십자가 하나를 골랐다.

하느님이 그에게 말씀하셨다.

"자세히 들여다 보아라!" 그것은 바로 그가 처음에 졌던 십자가였다. 고난은 성스러운 것이다. 고난의 작은 부스러기라도 가볍게 여기지 말 일이다!

※

당신이 꼭 영웅적인 그리스도인이 되어야 한다는 법은 없다. 당신이 영웅이 되려고 애쓰는 것은 코끼리가 되려고 애쓰는 것과 마찬가지로 쓸 데 없는 짓이다. 위대한 성자나 순교자가 될 소질을 타고 난 사람은 극히 소수에 불과하다.

로마나 중세기 또는 나치스, 공산당의 박해가 심할 때 대부분의 그리스도인들이 신앙을 위해서 용감하게 목숨을 버릴 준비를 갖추지 못했다는 사실을 알아두는 게 좋겠다. 고문을 당하면서도 신앙을 지켜 마침내 죽어간 사람은 아주 적은 수였다. 그러나 다른 사람들 역시 그리스도인들이었다. 하느님은 그들이 얼마나 나약한 인간들인지, 박해가 풀렸을 때 곧장 신앙을 되찾으려고 얼마나 애썼는지 알고 계셨다.

예수님이 양떼를 풀밭에 눕게 하셨다는 사실(시23편)은 하나의 기적이다. 양들은 보통 눕지 않는다. 그들은 배가 고프지 않아도 몇 시간씩 풀을 뜯는다. 당신의 주변에 그토록 기름진 풀이 많은데 어떻게 가만히 누워 있을 수 있겠는가? 이 세상이 그토록 신나는 쾌락을 안겨 주는데 어떻게 모르는 척할 수 있겠는가?

그러나 성자의 무리 속에는 성 안토니나 성 파프누티어스 혹은 감옥에서 순교한 사람들만 있는 게 아니다. 보통 그리스도인도 그리스도인이다. 일상적인 그리스도인도 역시 성자다.

※

어느날 작은 개 한 마리가 커다란 사냥개 옆에 나란

히 섰다. 사냥개가 으르렁 거리면서 작은 개에게 물었다. "너도 개 축에 드느냐?" 작은 개는 감히 사냥개에게 정면으로 대어들 생각은 못하고, 그러나 아주 공손하게 대답했다. "물론 저는 당신 만큼 크지는 못합니다. 그러나 아무도 절 보고 고양이라고 하지는 않는답니다." 작은 개도 개다! 마찬가지로 작은 그리스도인도 그리스도인이다.

나의 아들 마하이가 다섯 살 때였다. 내가 성경을 읽어주었다. 모든 성도가 흰옷을 입고 예수님과 함께 거닐 것이라는 대목을 읽는데, 근심어린 표정으로, 예수님에게 어린 아이들이 입을 흰 옷도 있느냐고 묻는 것이었다. 나는 그에게, 예수님은 몸이 크거나 작거나 신앙이 크거나 작거나 모든 그리스도인이 입을 옷을 갖고 계시다고 이야기해 주었다.

우리들 중 누구도 신앙의 영웅들이 이룬 행적을 그대로 할 수는 없다. 그러나 그들처럼 살지 못한다고 해서 근심할 건 없다. 거북이와 토끼는 같은 길을 달려 목적지에 이를 수 있다.

거북이로서는 시간이 좀 더 걸릴 뿐이다. 당신이 거

당신은 성 거북이가 되어라!

북이라는 사실을 부끄러워할 건 없다. 성(聖) 거북이가 되라!

※

　많은 사람들이 실수를 했다. 위대한 설교가도 실수를 했다. 그보다 훨씬 못난 나 렘브란트 역시 실수를 했다. 예수님께서는 이 땅을 떠나시기 전에 세 번 씩이나 실수를 한 베드로에게 두려움없이 당신의 일을 부탁하셨다.

　크랜머 추기경도 살아 있는 동안 독재자와 타협하는 실수를 범하였다. 체포 당하자 그는 부들부들 떨면서 화형장으로 걸어나갔다. 성녀 잔다르크도 처음에는 자기 주장을 포기했다. 비스마르크도 말년에 이르러 자기의 일생이 실패였다고 고백하였다. 자기가 한 모든 일이 단 한 사람에게도 행복을 가져다 주지 못했다는 것이었다.

　우리는 모두 다만 하느님의 은총으로써 살아가고 구

원받을 것이다.

※

이 세상에는 모순을 지니고 있지 않은 것이 없다는 사실을 먼저 받아들여라. 그래야 당신은 비로소 평화를 느낄 것이다. 더하기 빼기 없는 산수없고, 행동과 반동없는 사건 없으며, 양극 음극 없는 전기 없고, 공격 방어 없는 전쟁 없으며, 죄 없는 성자 없고 덕성 없는 죄인 없다.

당신 안에도 이런 모순이 있음을 인정하고 받아들여라. 루터는 모든 그리스도인들이 "동시에 의롭고 죄 많은 사람, 목적지에 닿았으면서 동시에 목적지를 향하여 가고 있는 사람"이라고 설명했다.

자기 모순은, 없는 데가 없고 반드시 있어야 하는 그런 것이다.

두려움 모르는 싸움을 결코 포기하지 말라! 파라오를 생각해 보라. 얼마나 많은 재앙을 그는 견디었는가? 그런데 당신은 하느님의 자녀라면서 유혹과 시련을 견디지 못할까봐 두려워하고 있는가?

당신은 분명코 악을 극복하게 될 것이다. 그러나 때로는 악을 극복하는 데 시간이 많이 걸릴 수도 있다.

아시시의 성 프란시스코는 자기의 성당 주변에 강도들이 진을 치고 있다가 예배보러 오는 사람들을 털어간다는 사실을 알고 있었다. 다른 수도승들이 어서 경찰에 알려 그들을 잡아가게 하자고 말했다. 성 프란시스코는 그들의 말을 듣지 않았다. 그는 오히려 수도승들에게 말하기를, 음식과 술을 좀 가지고 강도들에게 가서 사람들의 재물을 훔치기는 하되, 죽이지는 말 것을 약속받고 오라고 했다. 그런 다음 얼마 뒤에 다시 그들을 보내 주일과 축제일에 만든 물건을 훔치지도 않기로 약속받고 오게 했다. 그렇게 하여 천천히, 천천히, 천천히 그는 그들을 회개시켰다.

당신도, 시간이 흐름에 따라 보다 더 의로운 사람으로 발전해 갈 것이다. 단번에 나쁜 습관을 잘라 버릴 수 있는 사람은 행복한 사람이다. 그러나 당신이 그렇게 못한다 해서, 자꾸만 옛날 습관대로 행동하게 된다고 해서, 절망하거나 낙심하지는 말라!

언젠가 당신은 그리스도께서 당신의 잘못을 고쳐주심에 힘입어 새로운 사람이 되어 있음을 발견하게 될 것이다.

※

전도서 7장 16절에 보면 "지나치게 의롭지 말라"(개역)는 말씀이 있다.

지나친 의는 지나친 어리석음이 될 수도 있다. 나는 한 그리스도교 신자를 알고 있는데 그는 회사 사무실 책상에 연필을 두 개 놓고 쓴다. 하나는 자기 것이고, 다른 하나는 회사 것이다. 개인적인 글을 쓸 때 그는 반드시 자기 연필을 쓴다. 회사 일을 할 때에는 회사 연필을 쓴다. 그는 두 연필 중 어느 것을 사용할까를 결정하고 선택하기 위하여 회사의 시간을 훔치고 있는 것이다.

전적으로 의롭지 않으면 말도 하지 않고 행동도 하

지 않겠다는 사람이 있다. 그런 사람은 아무것도 이루지 못한다. 그는 발전의 오솔길에 들어서지 못한다. 그는 현실적이지 않기 때문에 진실하지도 않다.

※

그리스도교는 일상 생활 속에서 당신을 지혜롭게 만들어 줄 것이다. 당신은 마귀에게 도망칠 수 있는 길을 열어 주는 방법도 알게 될 것이다! 만일 당신이 그가 도망칠 길을 모조리 막아버리다면 마귀는 당신에게 덤벼들지 않을 수 없을 것이다.

※

선생님이 자기반 아이들에게 물었다. "종교란 무엇이냐?" 한 아이가 대답했다. "하지 말아야 할 것(금지된 것) 뭉치입니다."

방울뱀으로부터 도망하듯 이런 종교로부터 도망하라!

어느 만큼의 융통성 없이는 인간이란 살아갈 수 없다. 우리는 때로 하지 말아야 할 짓을 하지 않으면 안 될 경우를 만난다. 블레즈 파스칼은 이렇게 썼다.

"누구든지 천사처럼 행동하고자 하는 자는 마귀가 된다."

그리스도인이 되어도 사람으로 남아 있으라!

성자가 되라. 그러나, 당신의 주변에 살고 있는 이들을 위하여, 인간적인 성자가 되라. 한 치 여유도 없는 원칙으로 나라를 다스리는 왕은 그 나라를 파멸시킬 것이다.

나는 당신들로 하여금 겸손한 사람이 되는데 도움이 될 수 있을 세 가지 생각을 소개해보겠다.

첫째, 인간이라는 존재가 그리 중요한 존재가 아니라는 생각이다.

모스코바의 대학 교수가 서양의 한 그리스도교 친구에게 이런 편지를 보냈다. "나는 당신처럼, 하느님이 인간들에게 관심을 갖고 있다고 믿지 못하겠습니다.

하느님이 당신 말대로 그렇게 한 사람 한 사람에게 깊은관심을 기울이신다면 왜 이렇게 오래도록 기다려야만 했겠습니까? 인간이 생존하기 전에 수백억 년이라는 세월이 왜 있어야 했겠습니까? 왜 하느님은 인간을 엿새째 날에 가서야 창조하셨습니까? 아마도 그분은 그리 급하시지 않으셨나 봅니다."

이에 대한 답은 간단하다. 사람이 있기 전에 하느님은 태양과 꽃과 짐승들을 사랑하셨다. 하느님께서 참나무를 심으신 것은 우리들 포도주 병의 마개를 마련해 주시기 위해서가 아니라 참나무를 사랑하셨기 때문이다. 그분은 당신께서 만드신 모든 것을 보시고, 좋다고 하셨다. 하느님은 아담과 하와가 살기 이전에도 에덴 동산을 거닐으셨다. 그분은 백합의 향기와 장미의 아름다움을 즐기실 수 있으셨다.

둘째, 당신 자신이 그리 중요한 존재가 아니라는 생각이다.

감옥에 갇히기 전만 해도 나는 나 자신이 꽤 중요한 인물이라고 생각했었다. 나는 한참 성장하는 교회의 목사였고 책도 몇 권 저술했었다. 나는 WCC의 한 위원회에 소속하여 활약하고 있었다. 루마니아의 교회가 나 없이는 제대로 일을 해나갈 수 없으리라고 나는 생각하였다. 그런데 14년 만에 감옥에서 나온 나는, 나 없이도 교회가 크게 발전되었고 나의 책보다 훨씬 더 훌륭한 저술들이 쏟아져 나온 것을 발견하였다. 결국 나는 나 자신이 생각했던 것 만큼 그렇게 중요한 인물이 아니었던 것이다. 이 점에 있어서는 당신도 마찬가지일 것이다.

셋째, 당신의 이웃이 매우 중요한 존재라는 생각이다.

알렉산드리아의 클레멘트는 이렇게 썼다. "자기의 형제를 보는 사람은 하느님을 본다." 비록 그가 하잘 것 없는 그리스도교인이라 하더라도 그에게서 하느님의 얼굴을 보고 고개를 숙일 일이다. 그가 주인공이고 당신은 그의 종이다. 어떤 신학자는 루시퍼(악마)란, 사람 섬기기를 거절한 천사였고 그 때문에 하늘에서 쫓겨났다고 주장한다. 그는 교만하게 "논세르비엠"(나는 사람을 못 섬긴다) 하고 대꾸했던 것이다.

※

 그리스도인은 말을 아낀다. 하늘은 우리에게 혀 하나와 귀 둘을 주셨다. 그리스도인은 지저분한 잡담을 삼가고, 하나 있는 혀로 두 귀를 주신 창조주를 기려야 할 것이다.

 내가 위에 기록한 것들은 대부분 상식적인 것들이다. 그러나 상식이라고 해서 그렇게 값싼 것은 아니다. 1온스 어치의 종교를 위해서는 10파운드 어치 상식이 있어야 한다.

※

 당신의 생명은 그리스도가 되어야 한다. 그리스도는 당신의 몸 말고는 어디에도 그 머리를 두실 곳이 없다. 당신은 집을 소유하되 필요한 만큼만 가져야 한다. 소유하고 싶은 욕망을 채우기 위해서 집을 가져서는 안된다.

산 디에고 동물원에 갇혀 있는 알라스카의 새는 언제나 북쪽을 향하여 앉아 있다. 우리도 우리의 진짜 고향인 하늘나라를 바라보아야 한다.

※

그리스도인의 삶을 안내하는 위대한 원리가 있다. 그것은 사랑이다. 우리는 우리의 이웃을, 그가 우리의 시간을 빼앗을 때에도, 우리에게서 돈을 빌려가 갚지 않을 때에도, 우리의 등 뒤에서 험담을 늘어 놓을 때에도, 사랑해야 한다.

그러므로 그리스도인은 대가를 바라지 않고 사랑한다. 조지 버나드 쇼우는 그리스도교(Christianity)와 남에게 과중한 도덕율을 강요하는 십자가교(Crosstianity)를 구분하였다.

가능한 대로, 적의를 품고 논쟁하는 것보다 사랑으로 경쟁하기를 먼저 할 일이다. 공동의 이익이 개재되어 있는 일이 아니라면 공연히 남의 일에 뛰어들어 짧은 당신의 생활 중 며칠이고 허송하는 일이 없도록 하라. 당신의 시선을 그리스도에게서 돌려 한눈을 팔지 말라.

사람들이 모두 당신 편을 들지는 않는다는 사실을 받아들여라. 당연한 일이다. 당신도 누구 남의 뜻에 따라 행동하지 않는 것에서 즐거움을 맛 본 적이 있을 것이다.

할 수 있는 대로 사적인 원수를 만드는 일은 피하라. 예수님도 "친구를 사귀어라"고 말씀하셨다(루가 16:9). 우정은 귀중한 것이다.

❋

한 가지는 확실하다. 레닌은 인류를 사랑하였다. 그런데 그는 그 인류를 위하여 지구 위에 살고 있는 사람을 모두 죽일 수 있는 인물이었다. 왜냐하면 그가 사랑한 인류란 구체적인 사람이 아니라 하나의 추상이기 때문이다.

※

예수님은 이웃에 대한 인간적인(인격적인) 사랑을 가르치셨다.

선교사들이 신약성서를 뉴기니의 미레바어로 번역할 때, 사랑이라는 말을 찾을 수가 없었다. 그래서 그들은 '나는 너에게 내 가장 귀중한 것을 준다'는 뜻인 "나누망군드"라는 말을 사용했다. 사랑을 하되 이런 식으로 하자.

사랑이야말로 모든 그리스도인의 보물이다. 특히 목회자에게는 불타는 사랑이 있어야 한다.

한번은 성 크리소스톰이 자기 교구내의 동떨어진 곳을 방문했다. 그곳은 워낙 외진 곳인데다가 오랫동안 사제가 없어 여러 가지로 어려움이 많은 곳이었다. 그래서 그는 그곳에 살고 있는 한 농부를 최선을 다해 교육시킨 다음 사제로 세우고 돌아왔다. 그러나 그는 콘스탄티노플에 돌아 온 뒤로 마음이 불안했다. "자격도 없는 자를 내가 잘못 사제 자리에 앉힌 게 아닐까?"

그래서 그는 다시 그곳에 가서 몰래 예배 시간에 참

석해 보기로 했다. 그는 기둥 뒤에 숨어 이 농부 사제가 어떻게 자기 책임을 다하는가를 살펴 보았다. 그러는 동안 그의 눈에서 눈물이 흘러 나왔다. 그는 그토록 간절한 기도를 드리는 사제를 지금까지 본 적이 없었다. 짧은 설교를 하는 동안 그의 얼굴은 열광적으로 빛났고 그의 한 마디 한 마디가 신도들의 마음을 사로잡고 있었다.

예배가 끝나자 성 크리소스톰은 제단 앞으로 나아가 농부 사제에게 축복해 달라고 무릎을 꿇었다. 농부 사제는 무릎 꿇고 있는 사람이 바로 주교인 것을 알자 깜짝 놀랐다. "주교님께서 저를 축복해 주셔야 할 텐데 어찌 저에게 축복해 달라고 하십니까?" 주교가 대꾸했다.

"나를 축복해 주시오. 나는 당신처럼 그렇게 뜨거운 불과 사랑을 가슴에 안고 예배드리는 사람을 본 적이 없소." 그러나 그 무식한 농부 사제는 이상하다는 표정으로 물었다. "그렇다면 주교님, 다른 식으로 하느님께 예배드릴 수도 있단 말씀인가요?"

다만 사랑하라. 그대의 사랑이 아무런 보상을 받지

못한다 하더라도 우리는 사람들에게 그리스도에 관한 좋은 소식을 전해야 한다. 그 대가로 우리가 무슨 상을 받을지 그건 우리가 신경 쓸 일이 아니다.

※

어느 폭풍우치는 날 배 한척이 바다에서 조난을 당해 에스오에스(SOS)를 쳤다. 연락을 받은 구조선 선장이 배를 띄웠다.

젊은 선원 하나가 선장에게 말했다. "선장님, 이 바람이 너무 세고 파도가 너무 높아 배를 띄우기에는 무리라고 생각하지 않으십니까?"

선장이 대답했다. "아니다. 우리에게는 구조하러 가라는 명령이 떨어졌다. 지금 바다에는 조난당한 배가 있다. 우리는 가야 한다."

선원이 항의했다. "그렇지만 선장님! 우리는 돌아오지 못할 것입니다."

그러자 선장이 이렇게 대꾸했다. "이 사람아, 우리

는 돌아오라는 명령을 받은 게 아니라 가라는 명령을 받았네!"

※

 억울한 일이라도 당하게 되거든 웃으면서 당할 일이다.
 유다인들에게 이런 우스개가 있다. 한 사람이 서 있는 기차를 향해 소리를 지르며 달려 왔다. "루빈스타인! 루빈스타인!" 그러자 한 유다인이 창 밖으로 고개를 내밀었다. 소리를 지르며 달려오던 사람이 그의 뺨을 한 대 갈기고 나서 이렇게 말했다. "망할 놈의 루빈스타인, 한 대 먹어라!" 보고 있던 사람들이 모두 웃어대기 시작했다. 그러자 맞은 유다인도 큰 소리로 웃어댔다. 사람들이 그에게 물었다. "당신은 왜 웃고 있는 거요?" 그러자 그가 대답했다.
 "하하하. 저 바보같은 친구가 나한테 속아 넘어갔지 뭡니까? 나는 루빈스타인이 아니거든요."

다른 사람에게 돌아 갈 욕설이나 발길질을 즐거운 마음으로 받아 들이라. 그리고 누군가가 다른 사람 대신 그대를 해치는 잘못을 범한 것을 웃어보라. 예수님도 우리에게 돌아 올 매와 죽음을 당신이 지셨다. 기꺼이….

※

예배가 한참 진행되고 있는 사이에 도둑이 들어와 수도원의 물건을 훔쳤다. 그들을 보고 원장이 수도승들에게 말했다. "보게, 저들이 얼마나 자기 일에 열심인가? 우리도 우리 일을 열심히 잘해보세. 저들의 구원을 위해 기도하세."

예배는 계속되었다. 도둑들은 보따리를 두고 도망쳤다.

※

히틀러 밑에서 순교한 독일 목사 본회퍼는 감옥에 있을 때 이렇게 썼다. "이제 나는 나의 신앙에 관하여 완전히 확신할 수 있게 되었다. 나의 신앙은 무거운 짐 아래에서도 깨어지지 않고 항거한다. 주저하거나 절망하는 일은 없게 되었다… 좀 이상하게 들릴지는 모르겠으나, 나는 감옥 안에서 기뻐하는 것을 배웠다."

처형 당하는 날, 간수가 그를 불러 낼 때 그는 이 말을 남겼다.

"이로써 끝이다. 그리고 생명의 시작이다."

※

면류관을 쓴 성도들은 가장 참혹한 상황 속에서도 묵묵히 싸워낸다.

시베리아에 있는 한 형무소에서 가톨릭 수녀들이 수녀복을 벗고 죄수복을 입으라는 형무소의 명령에 불

복한 사건이 있었다. 그들은 죄수복을 적-그리스도의 상징이라고 생각했던 것이다. 그래서 형무소 당국은 그들이 목욕을 하는 동안 옷을 바꿔 놓았다. 수녀들이 그래도 죄수복 입기를 거부하자 형무소 측에서는 그들을 영하 40도가 되는 추위 속에 앉아 있게 했다. 그들은 겁을 내지 않고 알몸으로 앉아 기도를 시작했다. 무신자론자인 여의사가 그들에게 "당신들은 자살을 할 작정이냐"고 말했다. 그들은 대답하지 않고 기도를 계속하였다. 남자 간수가 들어왔지만 그들 60명의 수녀들은 움직이지 않았다. 형무소장은 젊은 공산주의자들을 시켜 강제로 옷을 입히는 방법을 생각해 보았지만 수녀들의 용감한 투쟁에 오히려 그들이 감명을 받을 것이 두려워 실천하지 못했다.

이윽고 시간이 흐름에 따라 벌거벗은 수녀들의 몸은 파랗게 얼기 시작했다. 형무소 당국은 그들을 눈 위로 걸려 감방 속에 넣었다. 형무소장인 소령은 "이 수녀들보다는 나치와 싸우는 게 더 쉽다"고 말했다.

수녀들은 소장 앞으로 지나가면서 고개를 숙이고 "하느님께서 당신을 용서하시기를!"하고 말했다. 어떤 수녀는 걸을 수가 없어 다른 수녀의 부축을 받았다.

그리하여 그들은 눈 위로 걸어 감방 안으로 들어가면서 오래된 그레고리안 멜로디로 "하늘에 계신 우리 아버지"를 노래했다. 감방 안에 들어가서 그들은 다른 죄수들이 주는 누더기를 걸쳤다. 그들이 옷을 벗고 추위 속에 떤 시간은 모두 6시간이었다. 그들 중 아무도 앓지 않았다.

형무소의 다른 의사가 아까의 의사에게 물었다. "의학적인 견지에서 이들이 한 사람도 병들지 않았다는 사실을 어떻게 생각하십니까?" 그 무신론자 의사가 대답했다. "그들이 하늘에 계신 아버지 라는 노래를 부름으로써 모두 설명했지요."

※

성서를 읽는 그대로 읽으라. 아무리 학문적인 것처럼 보이더라도 성서를 비판하는 말에는 귀를 기울이지 말라. 성서를 비판하지 말고 성서가 그대를 비판하게 하라.

어느 현대 미술전에 그림이 그려져 있지 않은 텅빈 캔버스가 그대로 전시되어 있었다. 그런데 그 아래에는 '풀을 뜯는 암소'라는 제목이 적혀 있었다.

한 관람자가 화가에게 물었다. "이 제목이 무슨 뜻입니까? 풀밭도 보이지 않고 암소도 없는데요." 그러자 화가가 대답했다. "암소가 풀을 모두 먹어치웠어요." 관람자가 다시 물었다. "그렇지만 암소도 없지 않습니까?"

"풀이 없는데 암소가 뭐하러 남아 있겠소?"

성서 비판가들이 이 화가와 같다. 그들은 거룩한 성서를 다만 빈 페이지로 만들어버린다. 하느님도, 기적도, 진짜 역사도, 타당한 가르침도, 악마도, 지옥도, 낙원도 없다. 그런 예술가들에게 한눈이라도 팔지 말 일이다!

상 요한 크리소스톰은 이렇게 말했다. "성경을 믿어라. 누구든지 성경에 동의한다면 그는 그리스도인이다."

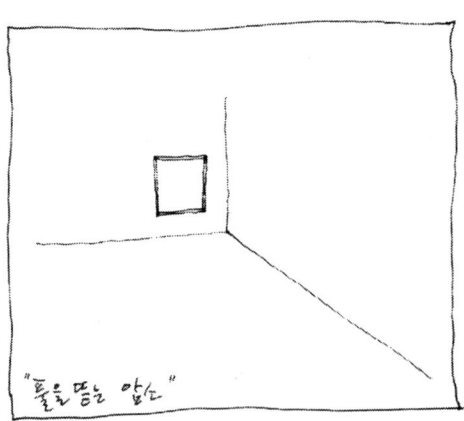
"들을 뜻는 않는"

❋

　기도에 전념하라. 하늘과 땅은 런던과 베를린 사이처럼 직통 통화가 가능하다. 다만 그대의 기도로 하여금 하느님과 그대 사이의 철저한 결단이 되게 하라.

❋

　하느님은 좀처럼 주려고 하지 않으시는 그런 분으로 알고 기도하는 일이 없도록 하라. 세네카는 이렇게 말했다. "신들은 인간과 같지 않다. 그들은 자신이 알몸이 될 때까지 남에게 주고 또 준다."

❋

　신앙의 고집불통이 되지 말라. 다른 사람들도 그대와 똑같은 믿음을 가지라고 강요하지 말라. "맹신자들

〈신앙의 고집불통〉은 진리를 소멸시키는 손바닥으로 진리를 안전하게 지키려고 한다"고 말한 라빈드라나드 타골의 말은 옳다.

※

응답되지 않는 기도란 없다. 지난 전쟁 중에 독일인들과 영국인들은 서로 승리하게 해달라고 기도했었다. 독일인들에게는 응답되지 않은 기도가 영국인들에게는 응답이 되었다. 우리가 살고 있는 세상은 온갖 인종, 국가, 계급, 정당, 종교 등으로 나뉘어져 있다. 어찌하여 그대의 유익이 하느님의 유익을 능가해야 한단 말인가?

승리를 기도했다가 패배했다면, 다행으로 여겨라. 그대의 상대방의 기도가 응답된 것이니까. 하느님은 언제나 기도를 들으시는 분이다.

※

  1972년 5월 21일 나는 영국 사우드포트의 성 스테판 교회에서 한 환상을 보았다. 나는 제단 앞에 꿇어앉아 묵상을 하고 있었다. 그 때 엘리야가 한 과부에게 떡을 한 조각 달라고 요청한 일이 생각났다. 그 때 과부는 자기에게는 아들과 자신이 마지막으로 먹고 죽을 만큼의 밀가루와 기름이 있다고 대답했다(왕하 17:11~12).

  갑자기 성모 마리아에게 먹을 것을 구걸하는 한 굶주린 사람의 모습이 나의 눈 앞에 나타났다. 성모 마리아가 그에게 대답하였다.

  "나에게는 아무 것도 없다. 나는 슬픔의 어머니요, 내 아들은 십자가에 달렸다. 십자가에서 아들은 하느님의 버림을 받았노라고 소리질렀다. 나에게는 먹을 것이 없다. 그러나 나는 당신에게 이 말 한 마디는 줄 수 있다. 하느님을 위하여 모든 것을 참으면 반드시 그 보상을 받는다고."

※

오늘날 어떤 젊은이들에게는 위험한 풍조가 있다. 그들은 그리스도교에 들어오자 마자 직장을 그만두고 목사가 되기 위한 공부를 한다. 그리하여 가족의 반대에 부딪친다. 생각도 없이 남들을 따르다가 그들은 친족을 구원할 기회마저 잃고 만다. 당신의 자리에 머물러 있어 우선 할 수 있는 대로 당신의 가족부터 그리스도께로 인도하라.

선교사가 된다는 것은 매우 드물고 예외적인 소명이다.

그리스도인이 그리스도께 진실하면 할수록 그만큼 그가 지적으로 영적으로 외토리가 되어 살아갈 확률이 높다.

이 말은 그가 선교사가 되지 않을 것이라는 말은 아니다. 그는 다만 전과 다른 특별한 종류의 사람이 될 것이다. 당신은 물이 계곡으로 흘러 내리도록 억지로 애쓸 필요가 없다. 물은 저절로 흘러내린다. 선교 사업이란 자기가 원한다고 할 수 있는 일이 아니다. 보다 높은 차원에 살라. 그러면 하느님의 말씀이 그대에게서 발 아래로 흐를 것이다. 선교사가 되려고 억지로 애를 쓰는 것은 어딘가 잘못되어 있는 것이다.

❂

 루브르 미술관에는 부릴로의 '산 디에고의 기적'이라는 그림이 있다. 두 귀족과 한 사제가 부엌으로 들어오고 있다. 그들은 부엌 일꾼들이 모두 천사들인 것을 보고 놀란 모습이다. 하나는 냄비를 들고 있고, 하나는 쇠고기를 썰고, 다른 하나는 채소 바구니를 들고 있고 나머지 하나는 불을 피우고 있는 중이다. 그러나 그들은 모두 천사처럼 일하고 있다.
 어떤 노동도 우리가 천하게 만들지 않는 한 천하지 않다. 가장 위대한 사명을 지니셨던 예수님 자신도 목공소에서 일하셨다. 제발 당신이 어떤 분명하고도 예외적인 소명을 받지 않았거든 직업적인 선교사가 되려 하지 말라! 그대신 당신의 부엌이나 공장에서 선교사

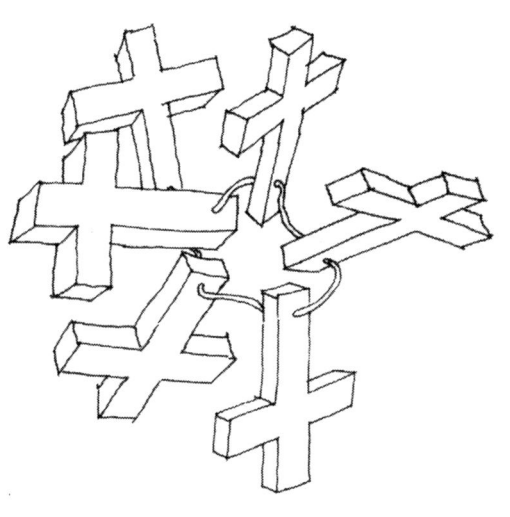

가 되라. 당신은 그곳에서 더욱 쓸만한 사람이 될 것이다.

※

십자가의 성 요한이 한 번은 이렇게 말하였다.
"사랑이 없는 곳이 있거든 그 자리에 사랑을 심으시오. 그러면 사랑을 볼 수 있을 것이오."
그대의 삶을 하나의 봉사가 되게 하라.
그대에게 영적인 능력도 재질도 없다고 말하지 말라. 한 소년이 예수님께 물고기 두 마리와 보리떡 다섯 개를 드렸다. 예수님께서 그것으로 수천 명을 먹이셨다. 만일 그 소년에게 아무것도 없었더라면 어찌 되었을까? 그러나 그럴 가능성은 없다!

※

왜 어떤 사람들은 폭동을 일으키는가? 거기에는 여

러 동기들이 있다. 그것들 중에는 인간에게 쾌락을 가져다 주는 무시못할 한 가지 요소라는 사실도 들어 있다. 많은 사람들이 성(性)이나 술, 음악, 약물보다 큰 쾌락을 거기에서 구한다.

벨파스트의 소요가 계속되는 동안 자살하는 자의 수가 50퍼센트 줄었다. 정신과 의사를 찾는 환자의 수 또한 줄었다. 남을 공격하는 동안 사람은 자신이 공격받고 있음을 덜 느낀다. 자신의 힘 사회의 평화나 국가간, 인종간의 평화를 위하여 발휘할 수 있는 보람있는 일을 하지 못할 때 사람은 인생에 싫증을 느끼게 되기 때문이다.

또한 모든 폭동행위는 사태를 악화시키는 요소를 지니고 있다. 성난 군중들은 파리떼를 땅벌떼로 바꾸고 땅벌떼를 말벌떼로 바꿔버린다. 혁명은 사회 질서를 바꾼다. 그러나 그것을 더 낫게 발전시키는 일은 매우 드물다.

60년 동안 계속된 중국혁명을 주도했던 손 문(孫文)은 그의 말년에 이렇게 썼다. "우리로 하여금 처음 중국혁명을 일으키도록 만들었던 그 날의 가슴 벅찬 일들을 생각하면 우리는 지금 중국 민중의 구원을 눈 앞에 보고 있어야 한다. 그런데 결과는 그와 정반대다. 중국 민중은 갈수록 더 억압 당하고 나라는 더욱 더 불행해졌다."

❂

 이것을 알아두라! 쉽게 싸움판에 뛰어들지 말라. 그러나 어쩔수 없이 뛰어들게 되거든 이길 준비를 갖추어라.
 싸우는 동안 자신의 힘이 약한 것을 알면 크게 후회될 것이다. 당통이 뛰일리를 공격했을 때 루이 16세는 피를 흘리지 않으려고 왕궁을 지키는 대신 국회에 몸을 피하였다. 그러나 그 결과, 그가 왕궁을 지키느라고 흘렸을 피보다 훨씬 더 많은 피를 흘리고 말았다. 당통은 왕궁 안에 들어가 장군으로부터 요리사에 이르기까지 모든 사람을 죽였고 그것도 모자라 시체에 칼질을 했다. 그리고는 무서운 공포의 통치가 시작되었다. 당통 자신도 그 공포 통치의 희생자가 되었다.

※

 당신은 그 동안 얼마나 많은 죄를 졌는가? 당신은 수백명 쯤 죽였는가? 예수님은 자기 어깨 위에 수백만의 살인죄를 지셨다. 당신은 열 번 쯤 강도질을 했는가? 예수님은 자기 몸에 수천 번의 강도죄를 지셨다. 당신은 얼마나 간음을 했는가? 예수님은 자기 몸에 수만 명의 불결한 성범죄를 지셨다.
 거짓말도 마찬가지고 다른 죄도 마찬가지다.
 마태오복음 8장 10절에서 예수님은 로마군 장교의 말을 듣고 놀라움을 나타내시며, 그에게 위로의 말씀을 주셨다.
 예수님을 찬미하는 자가 된다는 것은 참 위대한 일이다. 예수님의 칭찬을 듣는 사람이 된다는 것은 더욱더 위대한 일이다. 예수님은 그 로마군 장교가 저지른 범죄는 아무 것도 아닐만큼 헤아릴 수 없는 범죄를 당신 몸에 지우셨다.

※

솔로몬의 '아가'에는 하늘의 신랑(예수님)이 신부에게 이렇게 말하는 대목이 있다. "내가 종려나무 위에 올라가리라"(7:8). 그는 우리에게 오시기 위하여 올라가신다. 우리는 그에게 가기 위하여 이 세상에 있었던 가장 무서운 죄인에게로 내려간다. 일찍이 예수 그리스도보다 더 큰 살인자, 도둑, 강도, 혹은 거짓말쟁이가 없었다. 그가 이 모든 죄를 범했다는 뜻에서가 아니라 스스로 뒤집어 쓰셨다는 뜻에서, 그 범죄들은 그분의 것이었다.

이런 뜻에서 예수님은 당신 위에 계시지 않고 당신 아래 계신다. 그분에게로 가기 위하여 당신은 힘들게 올라갈 것이 아니라 쉽게 내려가면 된다.

※

참으로 예수님에게 오기란 쉬운 일이다.

많은 사람들이 말한다. "나는 이미 종교를 가지고 있어요. 종교란 모두 좋은 거 아닙니까? 왜 하필이면 기독교인이 돼야 한다는 건가요?"

그 까닭은, 기독교가 진리를 담고 있기 때문이다.

종교라 해서 모두 같지는 않다. 그들을 모두 같은 것으로 보는 것은 이렇게 말하는 것과 같다. "나는 음악을 참 좋아한다. 그래서 베토벤이든 비틀즈든 상관않는다." 종교도 참 종교와 거짓 종교를 구분하지 않으면 안된다.

기독교가 참 종교인 까닭은 모든 것을 포용하는 사랑을 말하고 있기 때문이다. 기독교의 사랑은 다른 종교인들은 물론 종교를 갖지 않은 자들까지도 대상으로 삼는다.

기독교는 '기독교만' 믿어서는 안된다고 경전에 기록한 그런 종교다. 기독교의 핵심은 사랑이다. 그리고 그 사랑은 기독교만이 아니라 "모든 것을 믿는다"(고전

13:7).

기독교는 우리에게 기독교가 가르치는 것에만 매여 있지 말라고 가르치는 그런 종교다. 무엇이든지 참된 것과 고상한 것과 옳은 것과 순결한 것과 사랑스러운 것과 영예로운 것과 덕스럽고 칭찬할 만한 것들을, 그것들이 어느 구석에서 나온 것이든, 마음 속에 품으라고 한다(빌 4:8).

기독교는 이미 모든 곳에서 나온 선한 것과 옳은 것을 담고 있는 종교이기에 구태여 다른 무슨 종교와 연합할 이유가 없다.

기독교야말로 종교다(It is religion).

당신은 이렇게 말할지도 모르겠다. "하지만 나는 과학을 하는 사람이오. 나는 동정녀가 아이를 낳았다는 식의 기적들을 믿을 수가 없습니다. 자연에는 법이 있고 그 법은 깨어지지 않는 걸로 알고 있는데요?"

예수님한테서 자연의 법이 깨어지지는 않았다. 왜냐하면 그분과 같은 존재는 처녀에게서 태어나는 것이 자연스런 일이기 때문이다. 그런 분은 다른 어느 사람도 해내지 못한 일을 하는 것이 오히려 자연스런 일이었다.

그러나, 어쨌든, 자신이 꺼림칙하게 생각하는 동정녀 탄생이나 그분의 다른 기적들은 사실 가장 중요한 문제는 아니다. 만일 누군가가 더 높은 진리를 더 낮은 진리와 묶어 하나로 만든다면 바로 이 잘못 때문에 더 중요한 진리가 일그러지고 끝에 가서는 죽어버리고 말 것이다. 아무도 당신을 동정녀 탄생에 오라고 부르지는 않았다. 당신은 예수님에게 오라고 부름을 받았다.

오라!

그러나 동정녀 탄생을 가볍게 넘겨버리지는 말라. 공산주의 아래에서 성장한 노벨문학상 수상 작자 보리스 파스테르나크는 '의사 지바고'에서 이렇게 썼다.

"그리스도의 신비한 탄생은 우리에게 삶이란 상식 대신 비상식을, 일상생활 대신 잔치를 살아가는 것이어야 한다는 가르침을 주고 있다."

어떤 아들이 산에 오르기를 무척 좋아했다. 어느날 그는 아버지와 산보하다가 조르고 졸라 마침내 둘이서 함께 높은 산에 오르게 되었다.

산 꼭대기에 이르러 아들은 흥분해서 이렇게 말했다.

"아버지 저 아래를 보세요. 얼마나 멋있습니까?"

그러자 그의 아버지는 화가 나서 이렇게 대꾸하는 것이었다.

"너는 이녀석아 고작 저 아래가 얼마나 멋있는가 보여주려고 나를 이 꼭대기까지 끌고 왔느냐?"

뒤를 돌아다 보지 말라! 그대가 지금 거쳐 온 계곡을 들여다 보지 말라.

예수님과 함께 면류관 쓰기 위해 산꼭대기에 오른 그대여, 그곳에 서서 위를 보아라.

예수님과 함께 있기만 하면 그대는 사랑 충만하여 인생을 살아갈 수가 있는 것이다.

✺

한 랍비가 어느 유대인에게 물었다.

"길에서 돈이 많이 들어 있는 지갑을 주웠다면 어떻

게 하겠느냐?"

그 유대인은 이렇게 대답했다. "솔직하게 말씀드리면, 선생님, 저에게는 아이들도 많이 있고 게다가 가난합니다. 저는 그 돈을 하느님께서 주시는 선물로 알겠습니다." 그러자 랍비가 그에게 말했다. "그대는 도둑이다."

랍비는 똑같은 질문을 두 번째 유대인에게 던졌다. 두 번째 유대인은 이렇게 대답하였다.

"저는 즉시 돈을 주인에게 돌려 주겠습니다." 랍비가 그에게 말했다.

"그대는 바보다."

랍비는 세 번째 유대인에게 똑같은 질문을 했다. 그가 대답했다.

"저는 그 돈을 주인에게 돌려 줘야 한다는 것을 알고 있습니다. 그러나 동시에 저는 제가 얼마나 약한 인간인가도 잘 알고 있습니다. 그런 경우에 제가 그 지갑을 어떻게 할지 모르겠습니다. 모든 것은 하느님 은총에 달려 있습니다."

랍비는 그를 칭찬했다. "그대의 답이 옳은 대답이

다."

우리는 크리스찬이 온전해야 한다는 사실을 잘 알고 있다.

우리는 자신들이 온전할 수 없다는 사실도 알고 있다. 우리는 살아가는 순간마다 하느님의 은총에 의지할 뿐이다.

※

아무리 독실한 신자라 하더라도 적당히 타협하는 일 없이 신앙생활을 계속할 수는 없다. 그리고 기독교 신자는 살아가기 위하여, 특히 투쟁하기 위하여 어쩔 수 없이 타협하기는 하지만 그것이 매우 위험한 짓임을 잘 안다.

크리스찬이 거짓말을 해야 할 경우는 그것이 자기 자신의 이익을 위한 것이 아니라 교회나 다른 많은 사람을 위한 것이어야 한다.

한 나그네가 사막에서 낙타를 타고 가는 상인을 만

나 낙타 뒤에 같이 타고 가게 해 달라고 청했다. 상인이 허락하자 그는 낙타 뒤에 같이 타고 가다가 상인을 밀어 떨어 뜨리고는 낙타를 몰고 달아났다. 상인이 모래 위에 쓰러져 사라져가는 그에게 소리쳤다. "당신이 낙타를 가지고 가도 나는 상관없소. 나에게는 또 낙타가 있으니까. 그러나 당신은 인간 사이의 신의를 버렸소. 이제 앞으로는 그 누구도 뜨거운 사막에서 낙타 뒤에 태워 달라는 요청을 들어주지 않을 것이오."

※

우리는 우리의 영원불멸성을 믿기 때문에 무슨 일이든 서두르지 않는다. 지금 이루어지지 않은 일들이 훗날 이루어질 것이다. 모세는 약속의 땅에 들어가게 해 달라고 하느님께 애원을 했다. 그러나 하느님은 거절하셨다. 그는 약속의 땅 바깥에서 죽어야만 했다. 이

"당신은 인간사이의 신의를 버렸소!"

천 년 쯤 되는 세월이 흘렀다. 주 예수께서 타보르산 위에서 모세와 더불어 말씀하신다. 타보르산은 팔레스타인에 있는 산이다. 무슨 말인가? 모세는 얼마쯤 늦게지만 기어이 약속의 땅에 들어가겠다는 열망을 이룬 것이다. 영원한 삶을 사는 자에게 이천 년이란 세월은 아무것도 아니다. "언제나 당신의 영원불멸성에 대하여 진실하라"고 솔제니친은 썼다.

※

하느님을 알라, 그러나 또한 악마도 알라.

〈목자 헤르마스〉라는 고대 그리스도교 서적에는 모든 사람에게 수호천사가 있듯 모든 사람에게 그를 해치는 악마가 있다는 기록이 있다. 당신을 보호해주는 천사를 잘 알고자 노력하라. 마찬가지로 당신의 악마도 잘 알도록 노력하라.

※

 참된 교회와 교회라는 이름을 가지고 있을 뿐인 기관을 구분하는 지혜를 배우도록 하라. 숱한 교파를 만들어낸 그리스도교 국가의 위대한 황제인 데오도시우스는 데살로니카의 남자들을 모조리 학살했다. 콘스탄티누스 황제의 전기는 무시무시하다.

 프랑스 왕 클로비는 그리스도인 왕녀 클로틸데를 사랑했기 때문에 그리스도교인이 된 사람이다. 그는 알레망과 싸우는 동안 전쟁에서 이기면 그녀의 하느님을 자기의 하느님으로 삼겠다고 약속했다. 그는 승리를 했지만 그의 승리는, 알레망과 싸우지 말고 평화로이 살아야 한다는 그리스도교의 신앙과 거리가 먼 것이었다. 프랑스 국민들은 왕이 명령했기 때문에 그리스도교를 받아들였다.

 키에프의 블라디미르 공작은 비잔틴의 공주 안네와 결혼하기 위하여 그리스도교인이 되었다. 그는 러시아인들을 강제로 그리스도교인이 되게 했다.

 성 에리크가 이끄는 스웨데스에게 패했을 때 핀란드

국민은 억지로 그리스도교를 받아들여야 했다.

좋은 교황, 감독들도 많이 있지만 매우 고약한 교황, 감독들도 많이 있었다. 때로 제단에 놓여진 제물들이 곧장 목사의 주머니로 직행하기도 했다.

로마에 성 베드로의 돔을 건축한 교황 율리우스는 전쟁의 사람이었다.

루터를 파문시킨 교황 레오 10세는 "그리스도의 우화가 우리에게 무슨 이익을 가져다주었는가?"라고 말했다고 한다.

개신교가 구교로부터 갈라져 나올 때, 인민은 그의 군주가 믿는 종교를 따라서 믿어야 한다는 원리에 (Cuius regio, eius religio) 대항하여 숱한 싸움을 싸운 뒤에야 평화는 이루어졌다.

이런 식으로 형성, 존속되어온 교회는 그리스도께 충실하지 못할 수밖에 없다. 이런 교회에 대하여, 우리는 사무엘이 사울에게 한 말을 그대로 되풀이할 수도 있을 것이다.

"네가 야훼의 말씀을 저버렸으니 야훼께서도 너를 밀어 내시리라"(사무엘상 15:26).

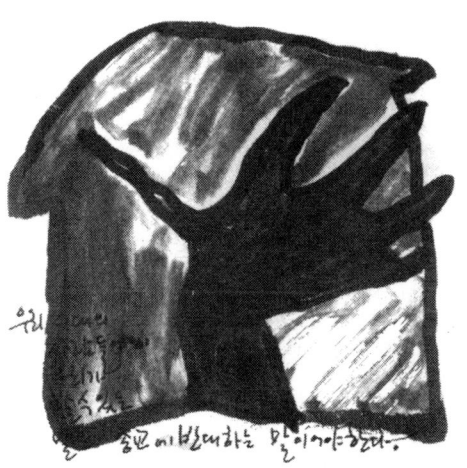

개혁교회들도 역시 가톨릭교회가 그랬듯이 진정한 복음의 설교를 너그러이 받아들이지 못했다. 영국의 국교는 번연이나 웨슬리에게, 그들이 살아 있는 동안 자리를 마련해주지 않았다. 그들이 죽은 지 수백 년이 지난 오늘에 이르러서야 웨스트민스터 사원에 그들의 기념 도판이 소장되어 있다.

개혁교회들도 가톨릭이나 정교회와 마찬가지로 세상과 짝을 진다. 누구든지 태어나면 곧 세례를 받고 따라서 모두가 그리스도교인이다. 세상은 온전한 그리스도를 받아들일 수가 없다. 그런 교회 역시 마찬가지다.

그런 교회는 세상이 그러듯이 돈을 잘못 사용하여 자신을 배부르게 할 뿐이다. 우리는 열왕기하 12장에서, 사제들보다 벽돌직공이 더욱 믿음직스럽게 돈을 관리했음을 읽을 수 있다.

그때 이후로 달라진 것이 없다.

위클리프는 이렇게 썼다. "만일 사제가 교회의 제물을 잘못 사용할 때는 그것을 그에게서 빼앗아야 한다. 그렇게 하지 않는 것은 책임을 회피하는 것이다." 그리고 본회퍼도 이렇게 썼다. "교회는 남을 위해 존재할 때에만 교회다. 무엇보다도 먼저 교회는 교회의 모든 재산을 궁핍한 자들에게 내주어야 한다. 목회자들은 신도들이 자진해서 내는 헌금으로만 살아야 한다. 만일 필요하다면 그들은 세속적인 직업을 가져야 한다."

오늘의 잘못되어가는 교회들을 생각하면서 폴 틸리히는 이렇게 썼다. "우리 시대의 사람들에게 종교가 할 수 있는 첫번째 말은 종교에 반대하는 말이어야 한다."

이런 잘못된 교회가 판을 치는 세계에서는 '그리스도인'이란 말이 오히려 사람의 가슴에 공포심을 넣어준다. 그리스도인이 그리스도인에게, 나치스나 공산주의자들이나 다른 이교도들이 한 것 못지 않게, 잔인하고 난폭한 해를 입힌다. 그리스도인이라고 불린다 해서 모두 그리스도인은 아니다.

※

그러나 '교회'라는 말은 또 다른 면도 지닌다. 그리

스도인이 됨으로써 당신은 그리스도를 믿는 형제 자매들과 진정한 교제를 갖게 되는 것이다.

값어치도 없는 것을 본받는 사람은 없다. 그리스도인들이 모방을 많이 하는 것은 그만큼 값어치가 있다는 증거다.

그리스도교 안에는 위대한 성자들도 있고 하느님의 참된 '작품'들도 있다(에페소 2:10).

나는 참된 신도들과의 성스런 교제가 이루어지는 교회와 평화로운 관계를 유지하지 못하는 사람 편에는 하느님이 서실 수 없다는 교황 펠라지우스 2세의 말에 동의한다

그러나 또한 교회 안에서 실망할 준비도 갖추어야 한다. 하느님의 참된 교회 안에는 거룩한 것을 향하여 달려가다가 끝내 거기에 이르지 못한 사람들도 많이 있다. 그런 사람들을 보고 실망하기 전에 당신도 남에게 실망거리가 될 수 있음을 기억하라.

참된 그리스도인 또한 배신하거나 남에게 못할 짓을 할 수 있다.

악인도 덕행을 하고 성자도 죄를 짓는다. 세상은 흑

..., 그런 교회는 참된 교회다.

과 백으로만 나뉘어져 있지는 않다. 때로는 진실과 거짓을 구분하기가 어려울 경우도 있다.

성 토마스 아퀴나스는 이렇게 말했다. "은총은 본성을 파괴하지 않는다"(Gratia non tollit naturam).

하느님의 많은 선물을 받을 때 특히 주의하라. 은총과 선물은 때로 원수노릇을 하는 수도 있다.

구성원들에게 이런 약점이 있음에도 불구하고, 신도들의 교제가 이루어지는 터전이 되고 그 안에서 당신이 하느님의 말씀을 배운다면, 그런 교회는 참된 교회다.

※

그러나 다시 말한다. 너무 큰 기대는 갖지 말라!

성서는 하느님의 말씀이다. 그러나 그 표현에는 불분명한 부분이 많다. 마태오 21장 7절에는 제자들이 예수님에게 나귀와 나귀 새끼를 데리고 와서 그 위에 앉혀드렸다고 기록되어 있다.

그렇다면 두 마리 짐승 위에 그 분을 앉혔다는 말일까? 하느님의 말씀은 부분적으로, 교육받지 못한 사람의 매끈하지 못한 언어로 기록되어 있다.

하느님이 사람이 되셨을 때, 그분은 다른 강도들과 함께 강도 취급을 받은 비천한 사람이 되셨다. 당신의 기록된 말씀을 주셨을 때에도, 그분은 상당히 모호하고 부정확한 부분이 있는 그대로 주셨다. 우리에게 사제들과 목사들을 주셨을 때에도, 그분은 그들이 여러 가지 인간적인 무지함과 오해를 포함하는 설교나 책들로 우리를 가르칠 수도 있으리라는 것을 알고 계셨다.

종교적인 의식이나 예배가 형편없다고 느껴지거든 비천한 몸으로 오신 예수님을 기억할 일이다. 비천한 교회는 비천한 화육(化肉)의 연장이다.

※

교파와 참된 교회의 차이점을 분명히 파악하였으면, 하느님의 자녀들은 모두 하나가 되어야 한다. 주일마다 흩어져서 수백 가지의 신앙고백을 하면서 그분을 홀로 있게 버려둔다는 것(요한 16:32)은 부끄러운 일이다.

하나가 되기 위하여 노력할 일이다. 그러나 이 일에도 역시 환상을 버려야 한다. 단번에 굉장한 것을 이루지는 못할 것이다. 혼돈과 불화는 하느님의 자녀들 가운데서도 마치 어두운 구름처럼 더욱 더 퍼질 것이다. 어딜 가든지 당신의 영혼을 충분히 만족시킬 만한 목회자나 교회를 쉽게 찾을 수는 없다. 이미 얻은 것을 꼭 붙잡고 그리스도를 믿는 믿음을 지키라. 홍수에 떠내려 가지 않기 위해 나무 뿌리를 움켜잡듯이, 그대의 마지막 날까지 견뎌낼 일이다. 하느님의 무한한 사랑만이 다스리는 더 나은 세계가 당신을 기다리고 있다.

※

그러나 우리가 바로 교회를 통하여 하느님과 직접적

인 관계를 맺는 것은 아님을 분명히 해야겠다. 교회는 하느님과의 관계를 간접적이게 한다. 하느님 앞에서의 양심의 자유는 교회의 권위보다 더 위대하다. 교회는 성자들과 오히려 마찰을 하는 편이었다. 때로 숱한 성자들을 이교도로 만들어 비난하고 형벌을 가한 게 바로 교회였다.

참된 교회와 함께 달리지 않으면 당신의 신앙의 달음박질이 모두 헛된 것임을 알아야 한다. 그러나 동시에 당신은 가장 참된 교회로부터조차 일정한 거리를 유지해야 한다.

※

교회에서 보게 되는 무슨 일 때문에 실망하는 일이 없도록 하라. 보르지아 시대의 타락한 바티칸을 보고 나서 그리스도인이 된 유대인의 이야기가 있다. 그는 이렇게 말했다. "그런 지도자들이 있는데도 존재하는 교회라면 분명히 하느님의 교회다."

나는 교회 안에 추한 면이 있어서, 그래서 교회를 더욱 사랑한다. 병원에 들어가면 당신은 악취, 피, 고름, 신음소리 등으로 구역질이 날 것이다. 병든 자들을 받아들인 의사와 간호원들이 그 불쾌한 상황 속에서 그들을 돕기 위해 자신의 시간을 바치는 것, 이것이야말로 병원의 아름다움이다. 교회의 아름다움은 죄인들을 받아들인다는 사실에 있다. 죄인들은 교회에 들어온 뒤에도, 이번에는 그리스도교의 외투자락 속에서 새로운 범죄를 저지른다. 사랑하는 어머니와 같은 교회는 여전히 그들을 사랑으로 가득 찬 가슴에 품어준다.

나는 여기에서 아름다움을 본다.

교회에는 또 다른 면이 있다. 교회에는 나쁜 사람들만 있는 게 아니다.

교회에는 교황 그레고리 대제 같은 사람도 있다. 그는 예배를 집전하고 있다가 굶어 죽은 사람 이야기를 듣고는 입고 있던 예복을 벗어 놓고 이렇게 말했다. "바로 이 로마에서 사람이 굶어 죽는다면, 교황에게는 미사를 집전할 자격이 없다."

교회에는 전심으로 하느님을 사랑하고 이웃을 섬긴 수많은 사람들이 있어왔고 지금도 있다.

교회 안에서 무슨 선한 일이 일어나든 악한 일이 일어나든 한 가지 결정적인 사실은 여전히 남아 있다. 예수님의 부활! 그것은 참으로 진짜다.

그분은 죽었다. 그런데 그 시체에 무슨 일이 일어났던가? 제자들이 그것을 훔쳤을까? 그렇다면 그들은 예수님이 다시 사시겠다는 약속을 지키지 못한 사실을 누구보다도 잘 알았을 것이고 자동적으로 모든 신앙을 상실하고 말았어야 한다. 그런데 그들 거의 모두가 순교자로서 죽었다. 세상에 자기가 가짜로 알고 있는 사실 때문에 고문을 받아 죽는 사람이 있겠는가? 제자들이 예수님의 시체를 훔치지 않았다는 사실은 이로써 분명하다.

만일 그의 시체가 적대자들 손에 들어갔다면 그리스도교는 싹도 트지 못했을 것이다. 사도들이 그리스도의 부활을 선전했을 때, 그분을 십자가에 단 대사제들이 당장 그 시체를 공개했을 터이니까. 여전히 무덤에서 썩고 있는 예수님의 시체를 보았다면 하루에 수천 명씩 개종하는 일이 어떻게 일어날 수 있었겠는가?

예수님의 친구들도 원수들도 그분의 시체를 손에 넣지 못했다. 왜냐하면 사흘 뒤에 그 분은 더 이상 시체가 아니었기 때문이다. 그분은 살아나셨다. 지금도 살아계시고 영원히 살아 계실 것이다.

당신은 이 세상과 교회 안에서 고난을 받을 것이다. 그러나 살아 계신 예수님이 그 고난 중에서 당신에게 기쁨을 주실 것이다.

❋

예수님과 교제를 가지면 당신은 당신의 인생 문제에 대하여 어떤 태도를 갖는 것이 참된 그리스도인의 태도인가를 쉽게 알 것이다.

도스토예프스키의 '카라마조프 형제들'에 나오는 대심문관은, 마드리드 거리를 거닐고 있는 예수 그리스도를 자기 앞에 불러 세우고 얼마나 그가 어리석었던가를 말해준다. 그의 말에 따르면 하나의 이상주의자요 몽상가인 예수는 십자가에 달려 죽을 수 밖에 없었다. 그리스도교를 고정된 틀에 집어넣고 예수의 마음을 품은 자들을 화형시킴으로써 교회를 존속시킨 것은 대심문관과 같은 사람들이었다.

대심문관의 버릇없는 불경스러움에도 불구하고 예수님은 말없이 그의 말을 끝까지 들으신다. 지금 그분의 앞에서 말하고 있는 사람, 바로 그를 위하여 그분은 십자가를 지셨던 것이다! 이윽고 대심문관이 말을 마쳤을 때 예수님은 그에게 입을 맞추셨다. 그것이 전부였다.

그 어떤 조롱과 비난을 당하더라도 당신은 입맞춤으로 최후의 대답을 하라. 그분은 가리옷 사람 유다에게도 입술을 허락하셨다.

※

당신은 사람들을 상대해야 한다. 그들의 말을 듣고 또 대답해줘야 한다. 그러나 할 수 있는 대로 서둘러 그들을 떠나라. '필요한 것은 한 가지 뿐'이고 마리아는 그 '좋은 몫'을 택했다. 그녀는 예수님 발 밑에 조용히 앉아 그분의 말을 들었다.

그녀는 다만 예수님이 필요했다. 그녀는 그분 만을 사랑했다. 그리고 그분도 그녀를 사랑하시되, 그녀의 입맞춤을 허락하는 모험을 하실 정도로 사랑하셨다. 당시로서는 랍비가 여자의 입맞춤을 허락한다는 것은 있을 수 없는 일이었다.

그녀가 예수님을 바라본 눈은 예수님이 그녀를 바라본 눈과 똑같은 눈이었다. 육신의 눈은 수 없이 많다. 그러나 영적인 눈은 하나 뿐이다. 하느님에게도 천사들에게도 그리고 믿는 자들에게도 그 눈은 하나다.

❊

사막의 교부들이 오랜 단식과 기도를 마치고, 무엇이 그리스도인의 최고 덕성인가에 대하여 토론했다. 한 사람이 '사랑'이라고 하자 '의'라고 하는 사람도 있었고 '검소'라는 사람, '겸손'이라는 사람 등등 여러 가지 의견이 나왔다. 성 안토니우스가 토론을 다음과 같은 말로 끝냈다. "최고의 덕성은 그 모든 것을 적절하게 소유하는 것이다." 모두 동의했다.

어느 목동이 꾀꼬리에게 말했다.
"노래를 불러라!"
꾀꼬리가 대답했다.
"개구리들이 너무 시끄러워요. 노래할 기분이 나야지요. 당신은 저 소리가 들리지 않나요?"
목동이 말했다.
"왜 안들리겠니? 그렇지만 네가 가만히 있으니까 저 시끄러운 소리가 내 귀에 들린단 말이다."
예수님의 노래를 부르면서 세상 복판을 걸어라. 너무 많은 증오와 불신의 소리가 들린다면 그것은 당신이 부끄러워할 일이다.

역자 후기

　제가 이 책을 처음 한국어로 옮겨서 세상에 내어 놓은 것이 1979년이니까 벌써 20년전 일입니다. 죽변교회에서 초년 목회를 할 때 리처드 범브란트 목사님의 단상 모음집(Victorius Faith)을 읽다가 조금씩 주보에 옮겨 실은 것을 〈합동기획〉에서 책으로 묶었는데 그 뒤로 20년 세월이 흘러 다시 세상에 내놓는 이유는, 오랜만에 만난 옛친구를 여러분께 소개해드리고 싶어서입니다. 이번에 다시 읽어보니 감회가 깊고 역시 좋은 길벗은 세월이나 상황에 상관없이 한결같다는 사실을 확인하게 되는군요. 더욱이 고마운 일은 처음 이 책을 냈던 〈합동기획〉의 이춘호 선생이 〈당그래〉라는 다른 이름으로 오늘 이 책을 다시 만들어 주신 것입니다. 읽어보면 아시겠습니다만 이 책을 세상에 내놓는 우리의 뜻은, 저자와 마찬가지로, 예수님의 노래를 부르면서 세상 복판을 걸어가는 이들의 '승리하는 신앙'을 북돋고자 함에 있을 뿐입니다.

여러분 모두에게 주님의 은총이 가득하시기를 바랍니다.

1999년 6월
이 현 주

한 권의 책 속에 숨은 이야기.

출판사를 하는 사람이 지은이도 아니면서 이렇게 책 뒤에 사족을 다는 것이 결례인 줄 알면서도 굳이 다는 이유는, 이 책에 각별한 사연이 있기 때문입니다. 20년 전 제가 출판 길을 걸으며 두 번째로 낸 책이었고, (첫 번째 책은 최완택 목사님의 '아름다운 순간'으로 다시 펴냄) 그 후 우여곡절이 있은 후에 다시 펴내는 남다름이 있기 때문입니다. 20년 동안 오직 한 길 출판에만 몸을 담았지만, 부족함과 욕심 때문에 출판사를 두 개씩이나 거덜을 내고, 이렇게 당그래출판사를 시작한 지는 이제 10년이 됩니다. 늘 저를 아껴주시는 분들의 마음을 속상하게 하고 안쓰럽게 했음에도 그 분들은 내내 제 곁에 계셔주셨고 함께 해주셨습니다. 20년 내내….

저는 그 사랑을 어떤 것으로도 답 할 수는 없습니다. 그래서 이목사님이 다시 책을 내자고 하실 때, 얼마나 감사한지요. 해서 기쁜 마음으로 다시 책을 펴냅니다. 책의 모양을 바꾸기는 하지만 옛날 그 모습 그대로 이철수형의 그림을 담습니다. 그림을 주고 애정을 주었던 고마움과 그 맑은 웃음을 지금도 잊지 않고 있습니다. 어디 그뿐인가요. 이 책이 나왔을 때 만났던 반가운 님들의 모습도 생각이 납니다. 이 책을 통해 다시 만남을 간절히 바래봅니다.

그때는 청년이었는데…, 그때 그 시절로 다시 돌아가고 싶지만, 세월을 돌려놓을 수는 없는 것이고…. 저도 이제 중년이 되었습니다. 아이를 둔 학부형이 되었답니다. 날마다 아이의 자람을 봅니다. 이제 되돌아 갈 수는 없지만 다시 가는 방법은 오늘 충실하게 사는 것 아닌가 생각됩니다. 천직인 이 길을….

(책 만드는 사람 이춘호 올림)

● 이 현 주(李賢周)

충북 충주에서 태어남. 충주고등학교와 감리교신학대학을 졸업했으며, 목사. 최근 동·서양을 두루 아우르는 글을 집필하면서 대학, 교회 등에서 강연 활동을 하고 있으며, 현재 '예수살기 모임'을 인도하고 있다. 저서로는 〈사람의 길 예수의 길〉, 〈한송이 이름없는 들꽃으로〉, 〈예수와 만난 사람들〉, 〈헨리 데이빗 도로우의 생애〉, 옮겨적은 '동양의 지혜' 〈물이 없으니 달도 없구나〉, 〈이름값을 하면서 살고 싶다〉(최완택 공저), 〈이와 같이 나는 들었노라〉 외 다수가 있다.

지은이와
협의하에
인지생략

승리하는 생활

* 개정판 1쇄 발행 / 1999년 6월 26일
* 지은이 / 리처드 범브란트
* 옮긴이 / 이　　현　　주
* 펴낸이 / 이　　춘　　호
* 펴낸곳 / 당그래출판사
* 등록번호 / 제22-38호 등록일자 / 1989년 7월 7일
* 110-071 서울 종로구 당주동 32번지 황금빌딩 302호
* 전화 (02) 722-6603 팩스 (02) 722-6604

값 6,000원

ⓒ 이현주, Printed in Korea, 1999

당그래는 논이나 밭의 흙을 고르거나 씨뿌린 뒤 흙을 덮을 때, 곡식을 모으거나 펼 때 사용하는 우리 농기구 이름입니다.
당그래출판사는 각지 사방에 흩어져 있는, 우리 삶에 양식이 될 원고를 모아 정성들여 펴내는 일을 하는 곳입니다.